MW01283533

TABLE OF CONTENTS

NOTES

....

....

....

....

....

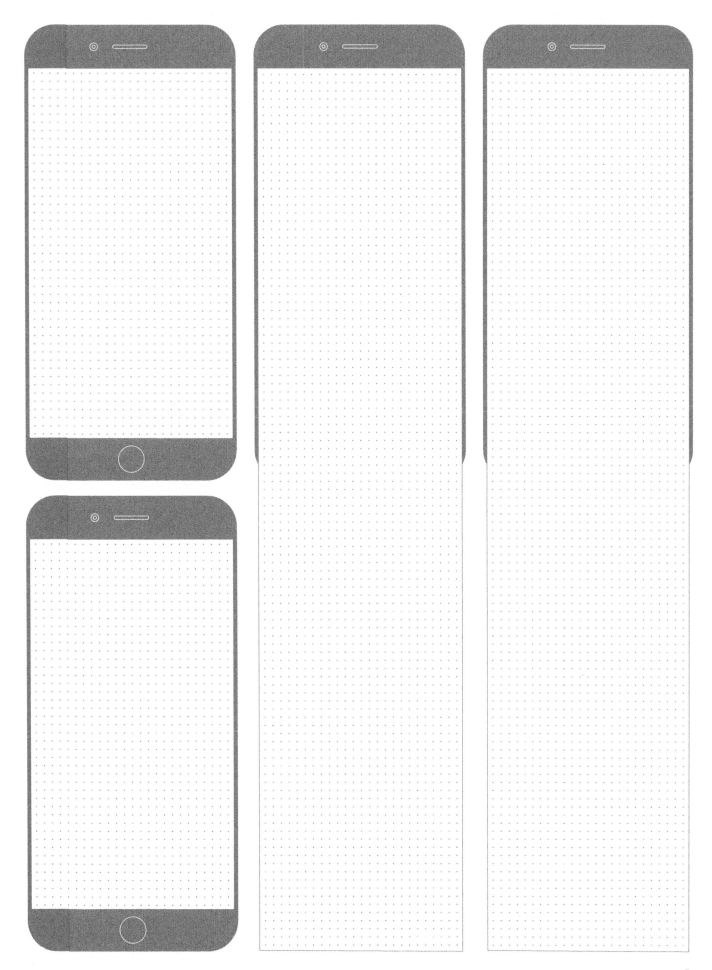

NOTES

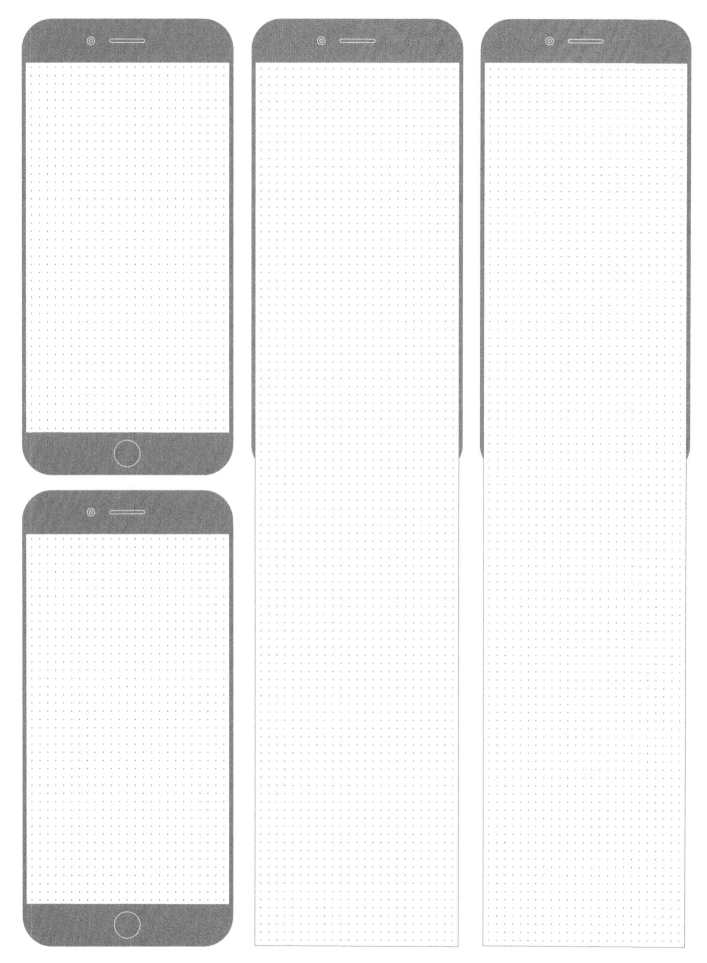

PROJECT

PAGE

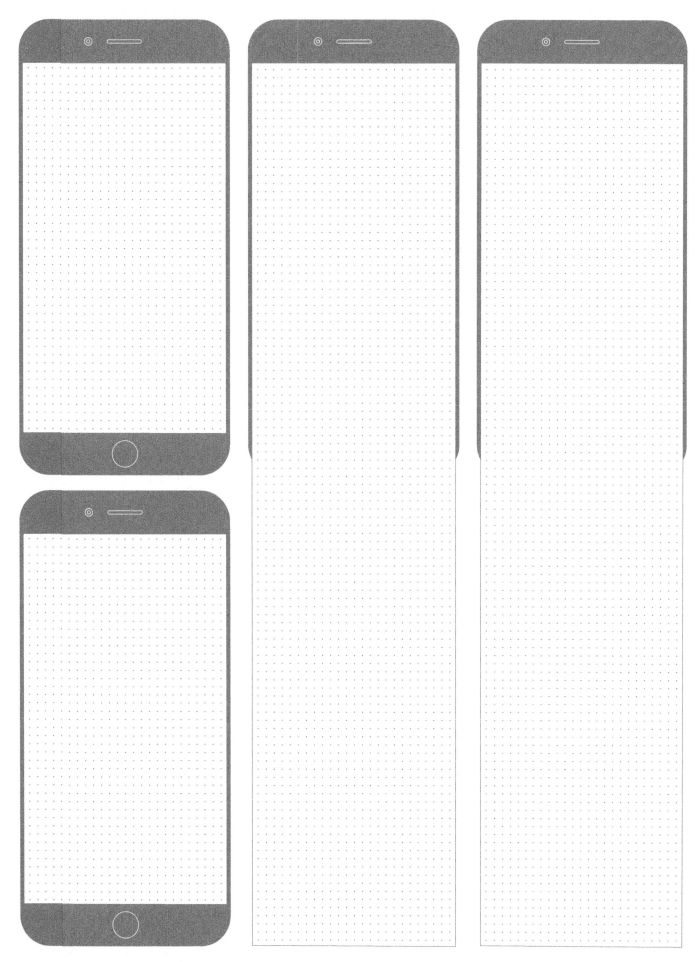

NOTES

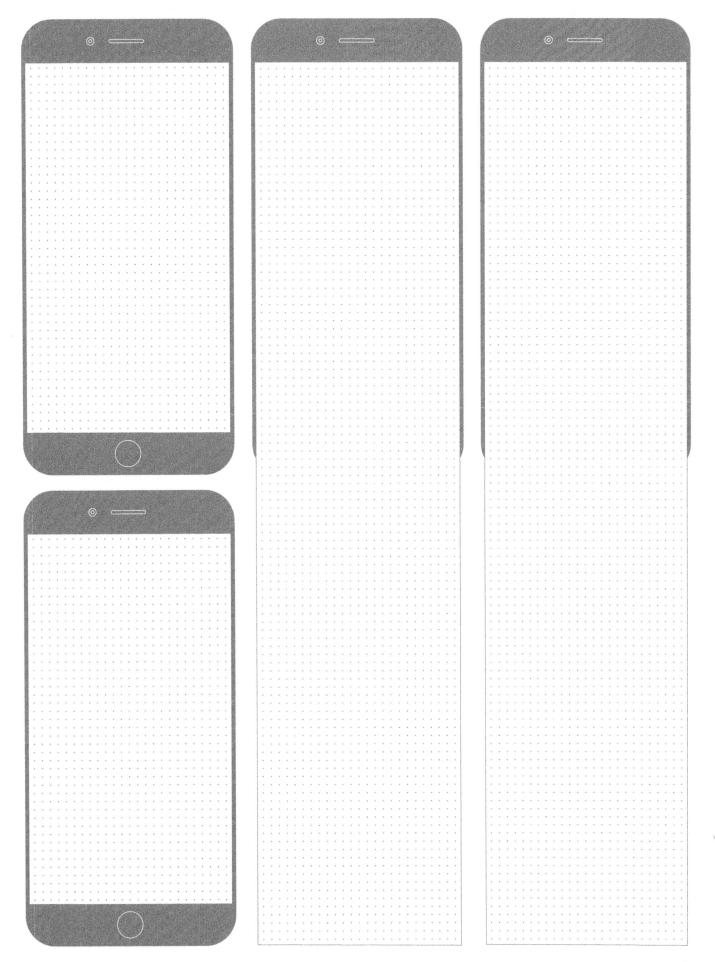

NOTES

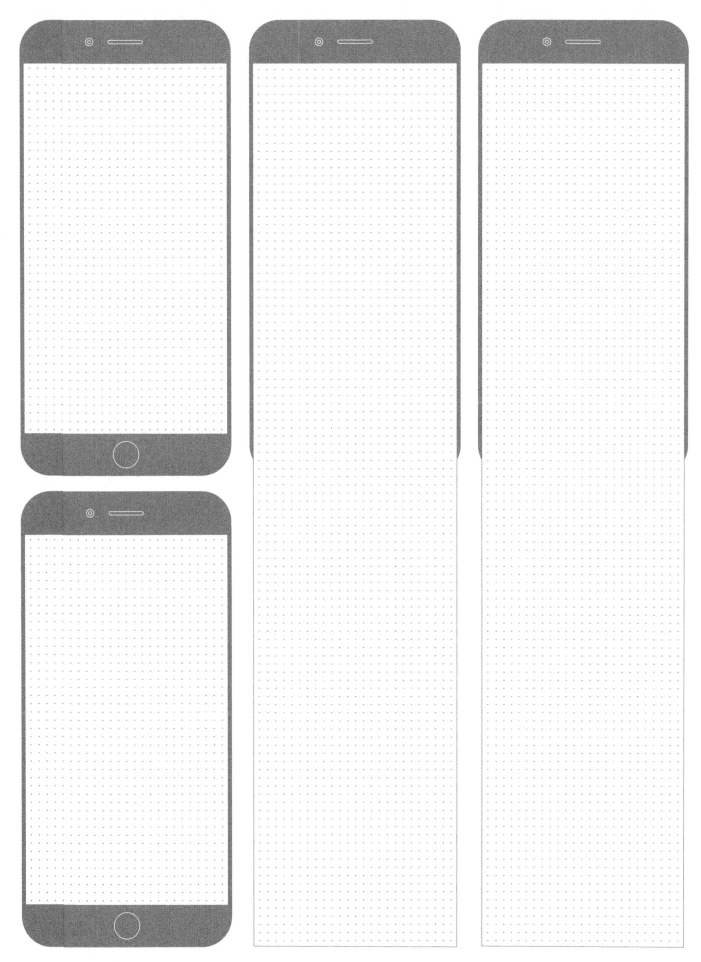

NOTES

PROJECT

PAGE

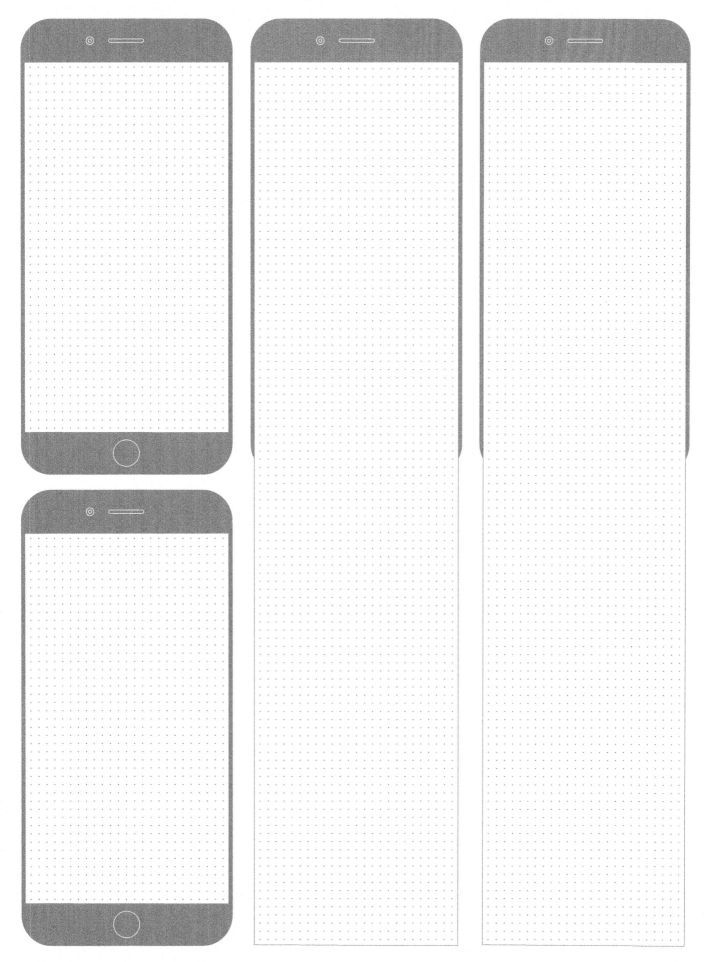

NOTES

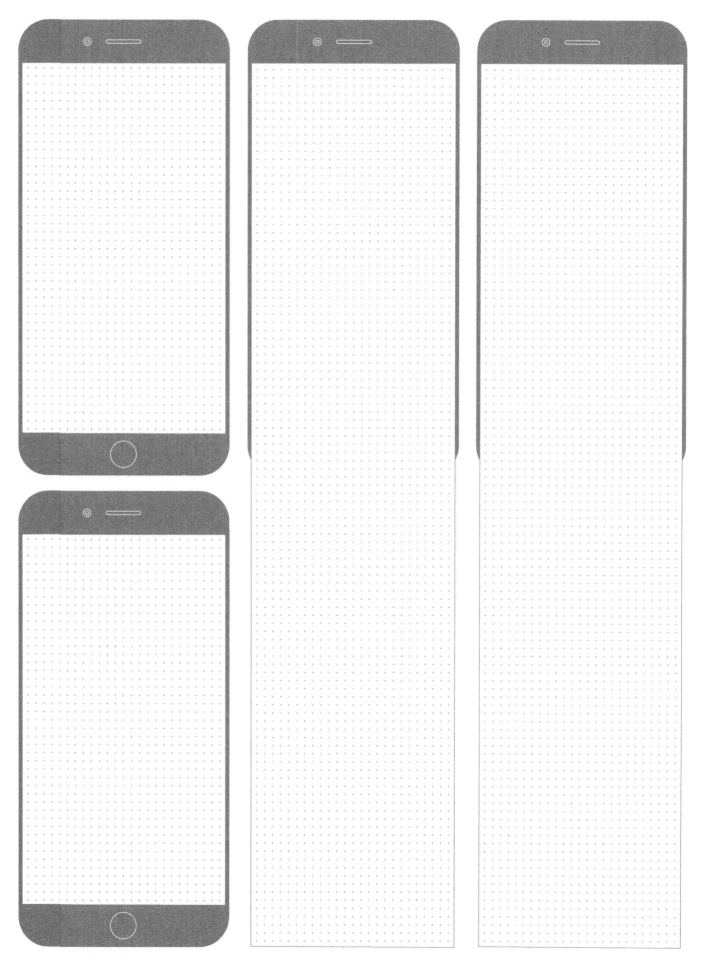

NOTES

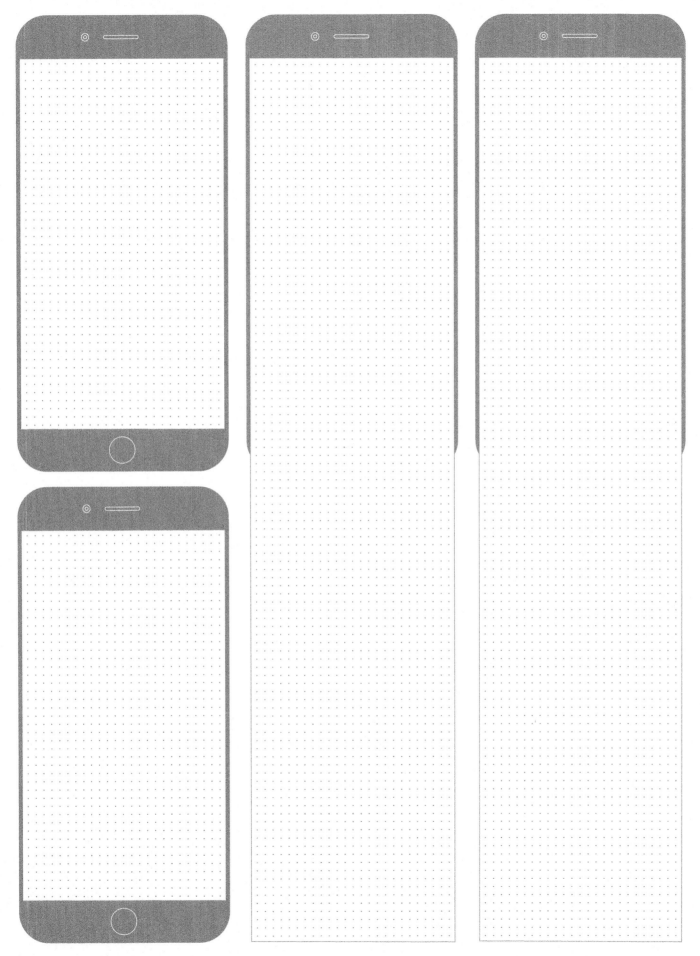

NOTES

PROJECT

PAGE

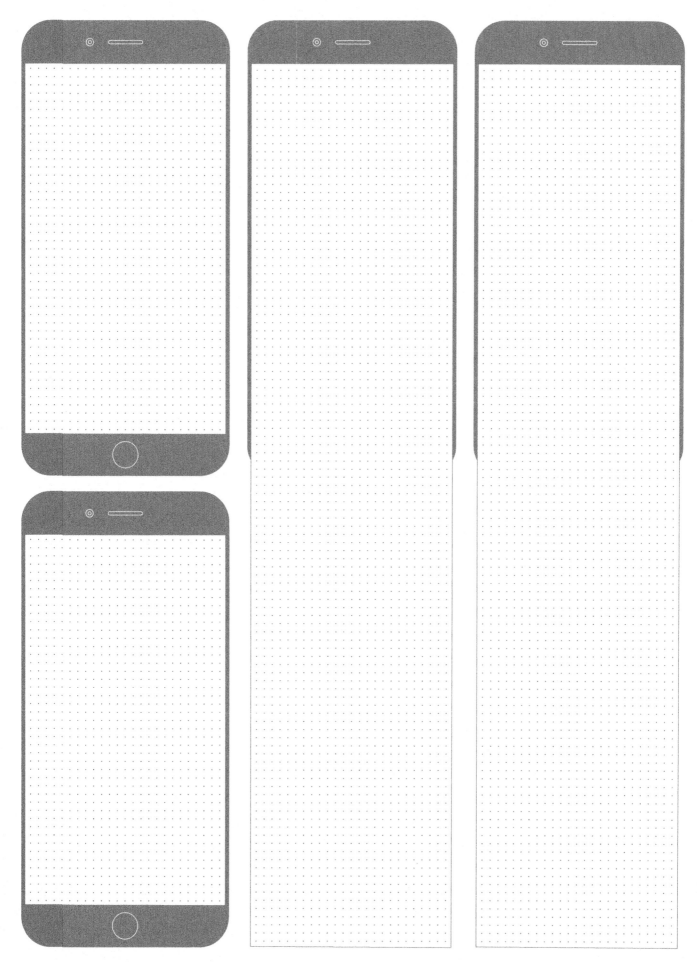

NOTES

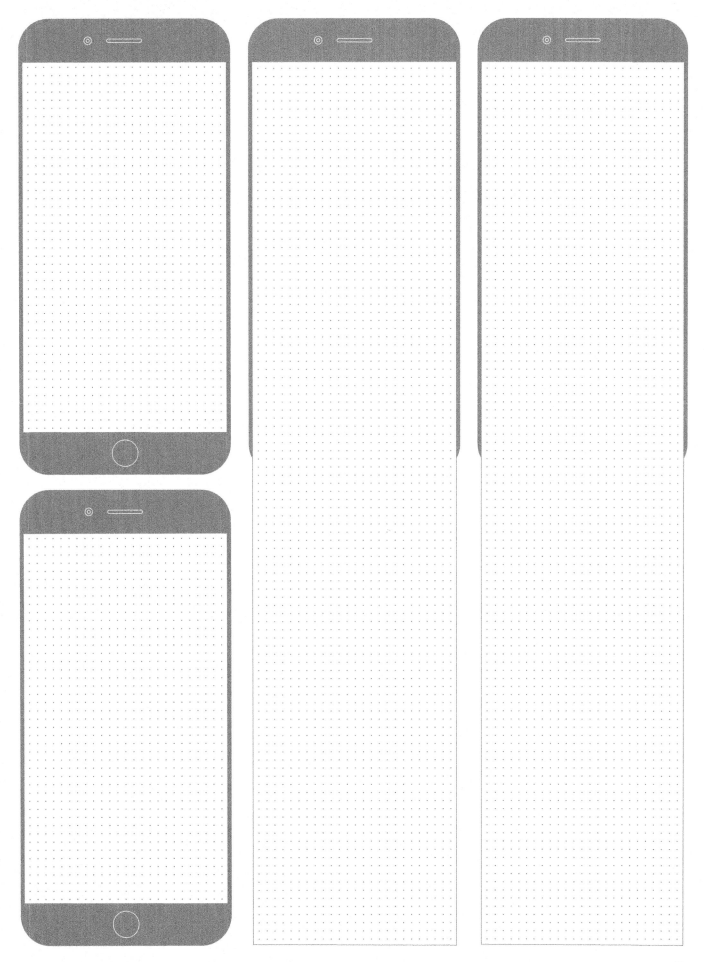

NOTES

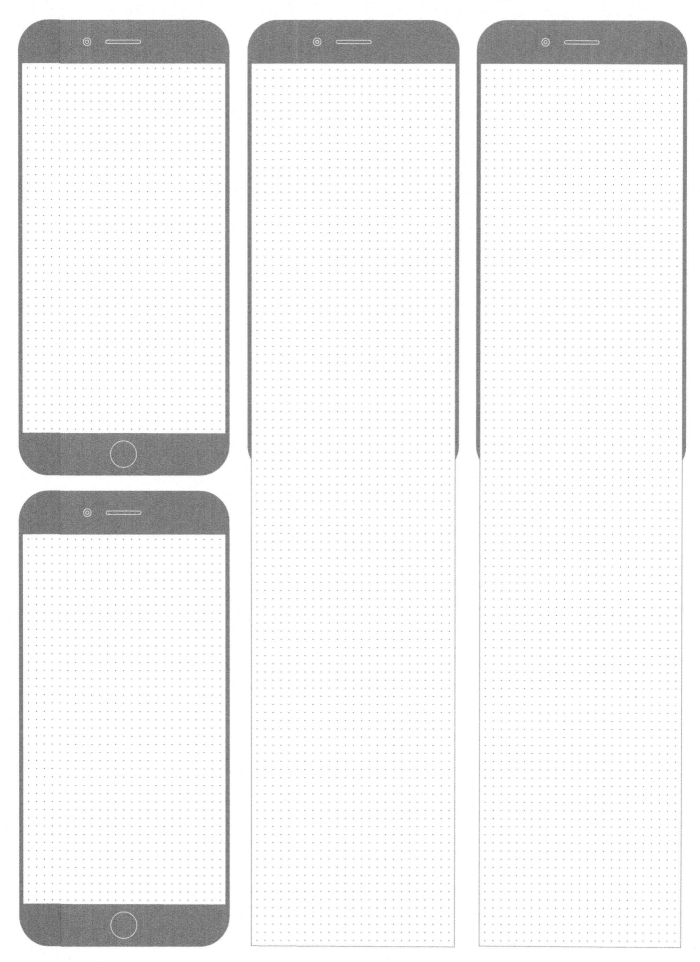

NOTES

PROJECT

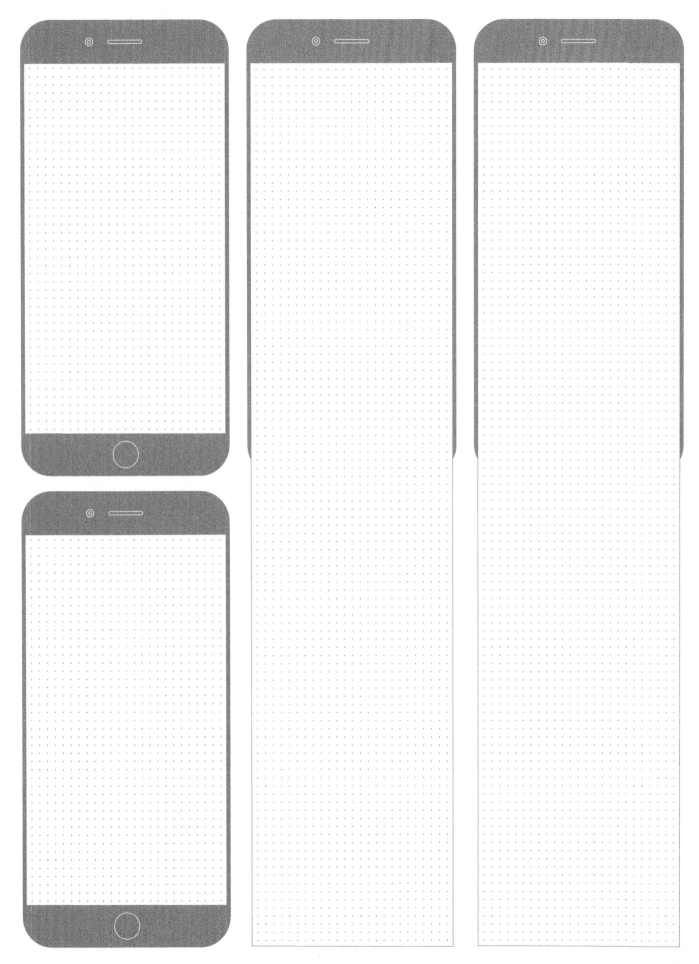

NOTES

PROJECT

PAGE

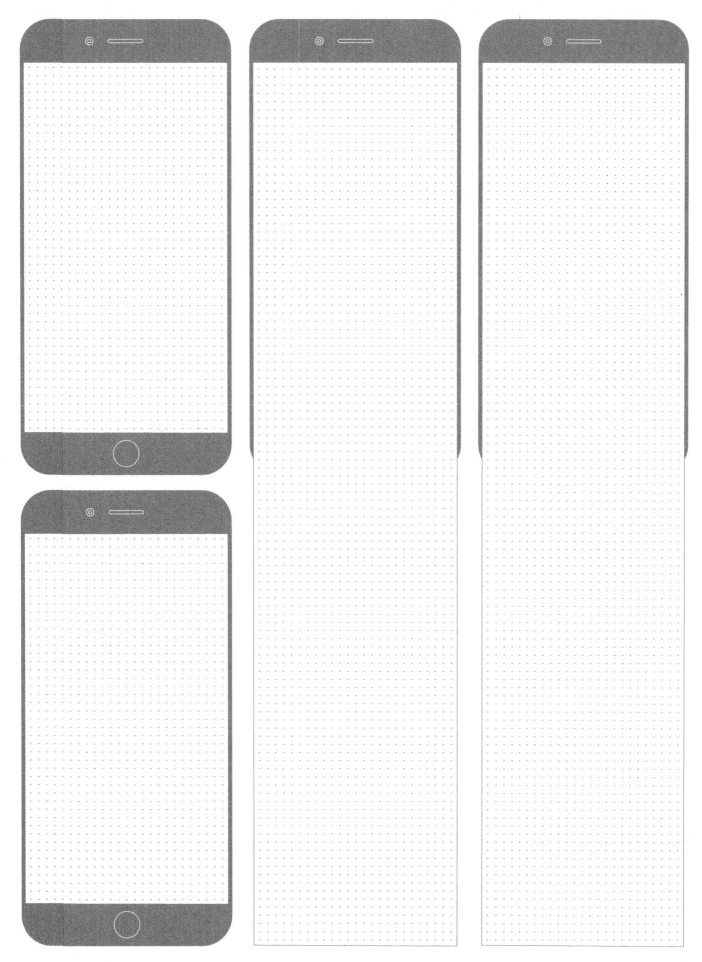

NOTES

PROJECT PAGE

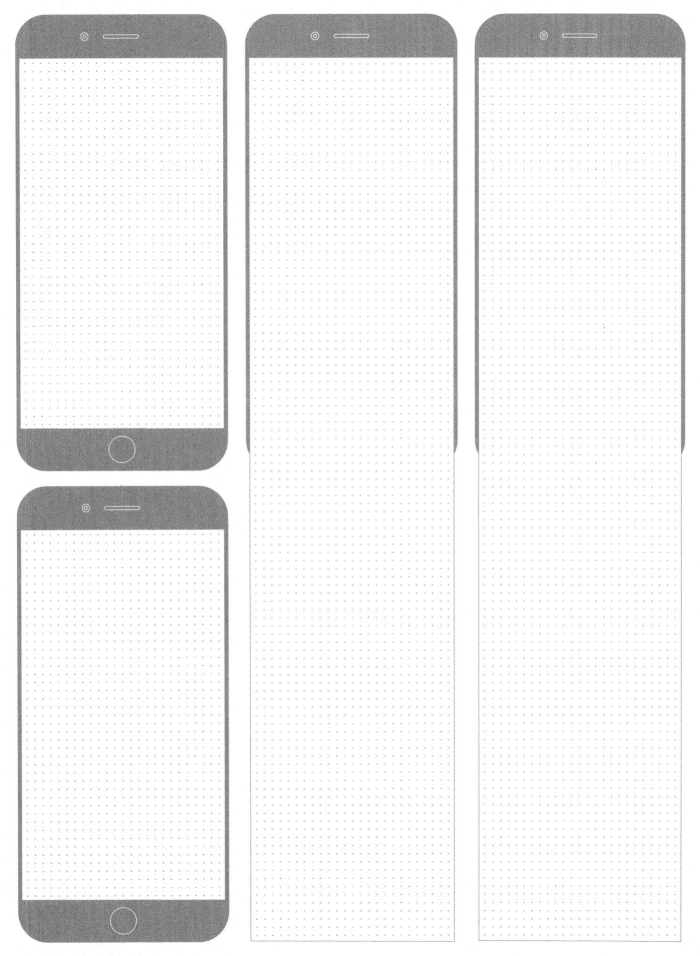

NOTES

PROJECT   PAGE

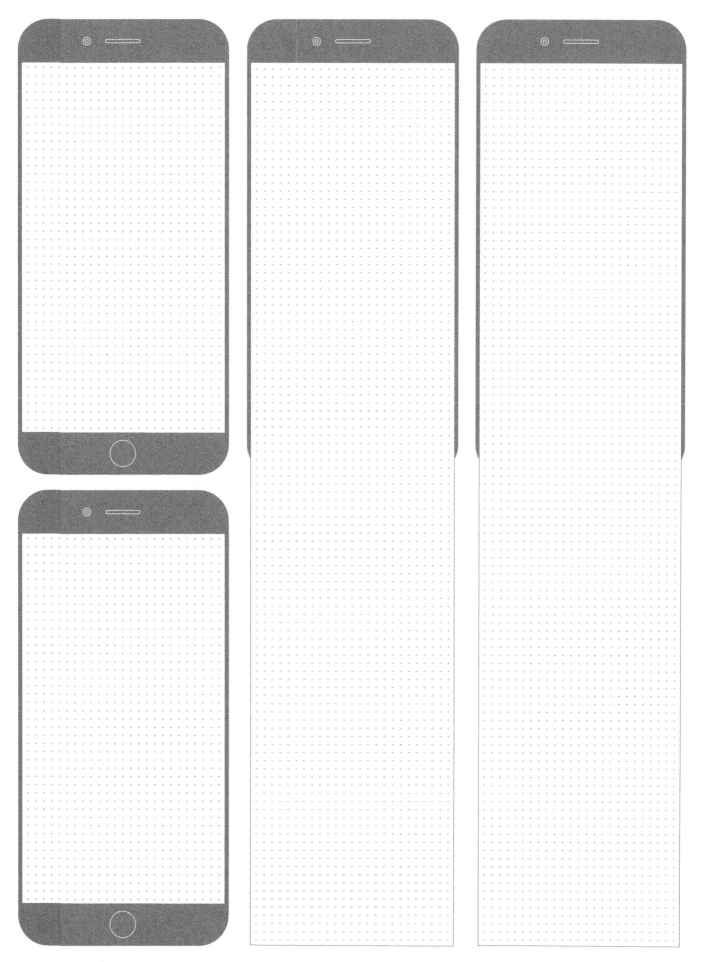

NOTES

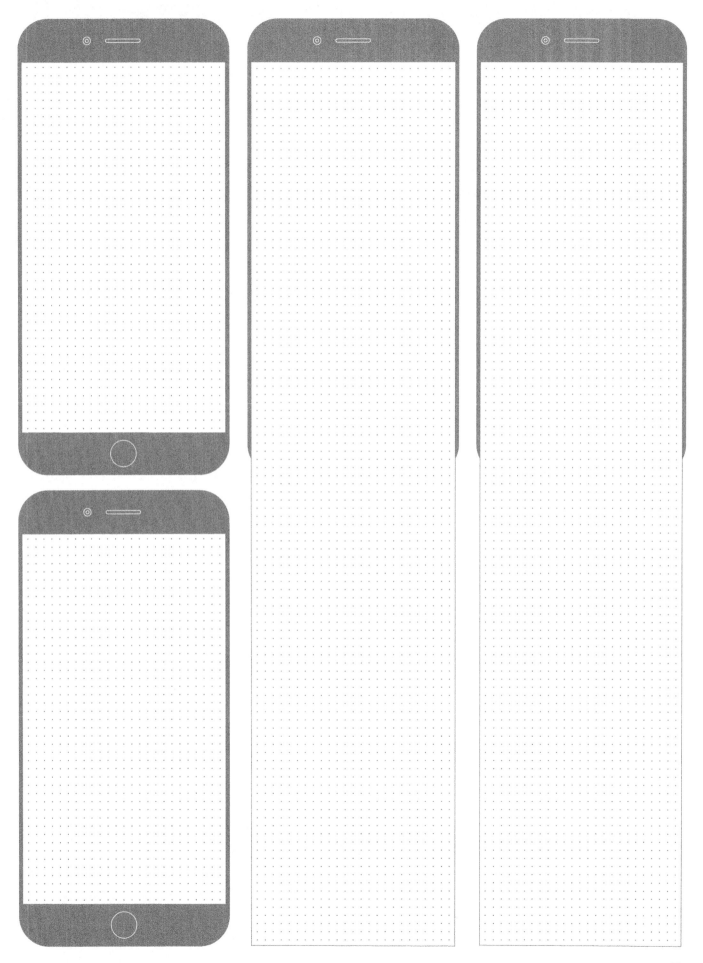

NOTES

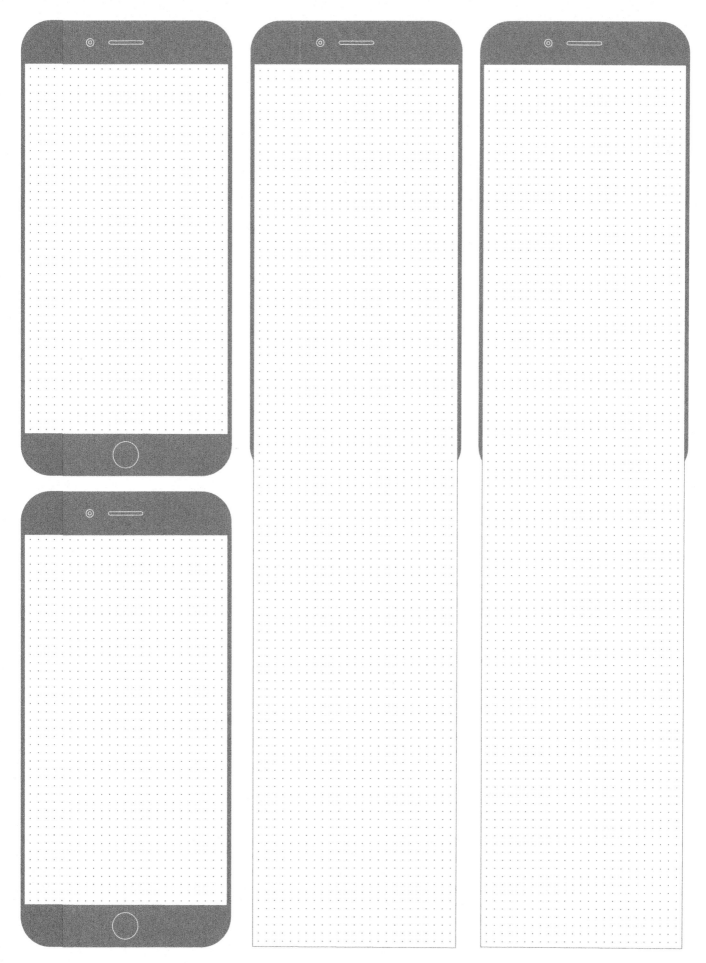

NOTES

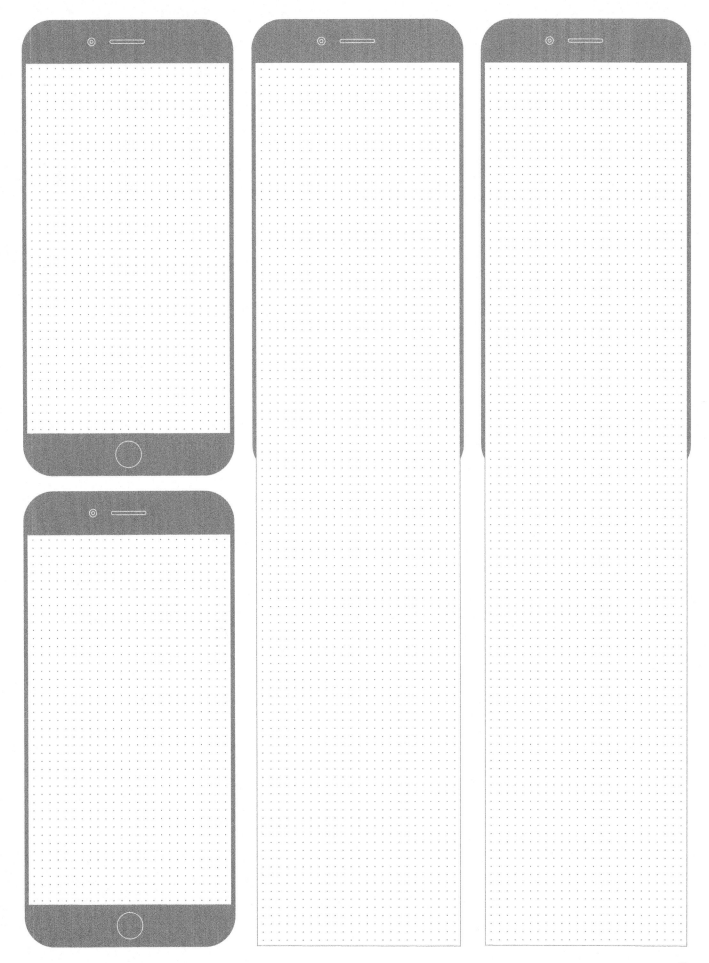

NOTES

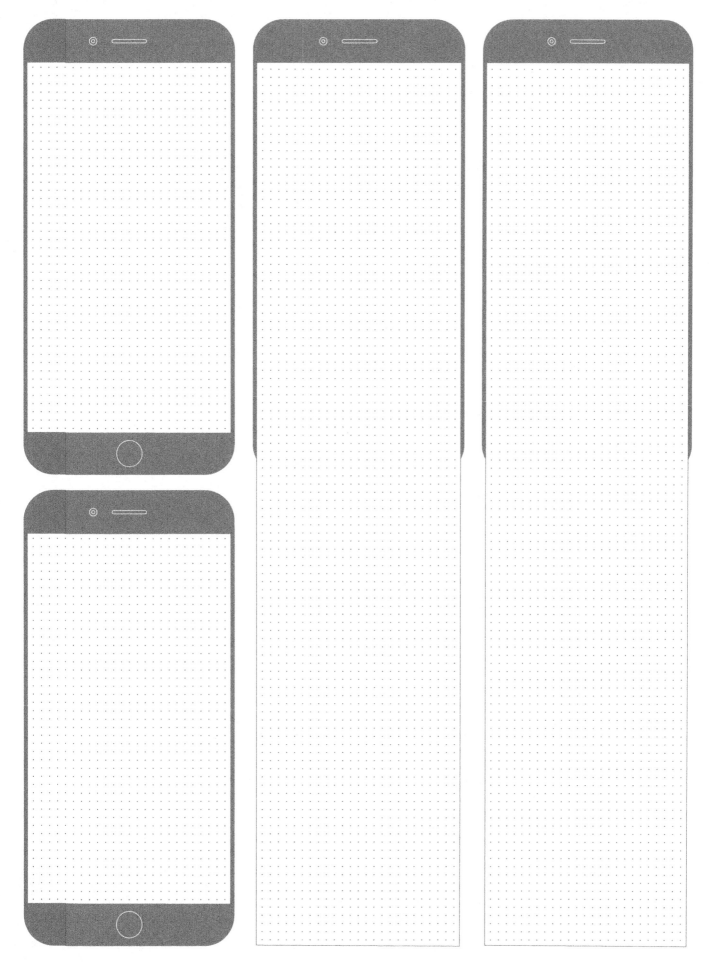

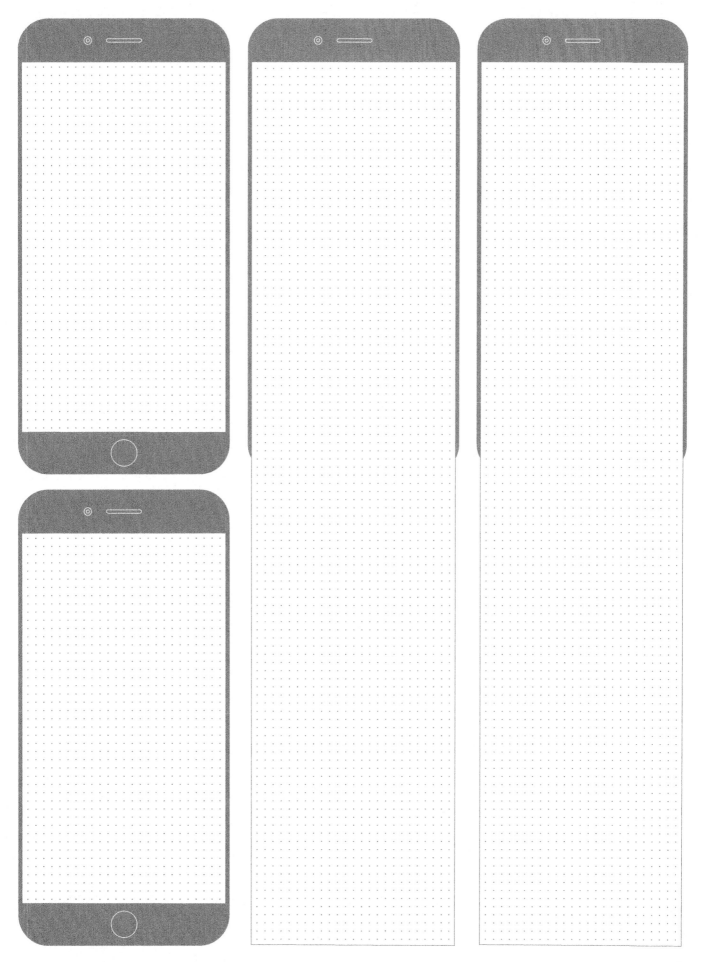

NOTES

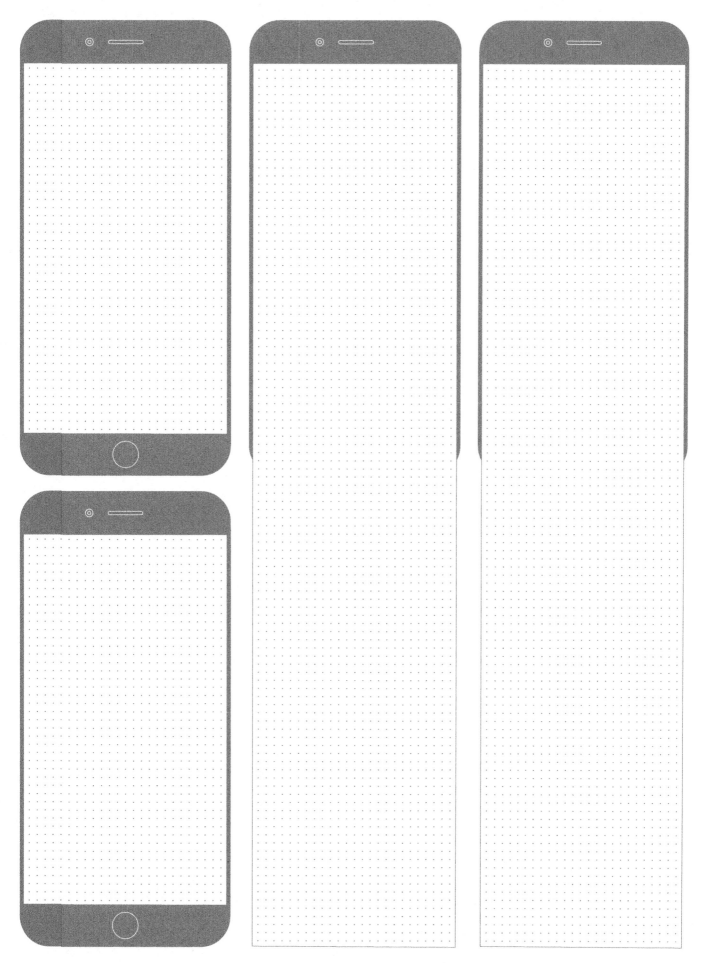

NOTES

PROJECT

PAGE

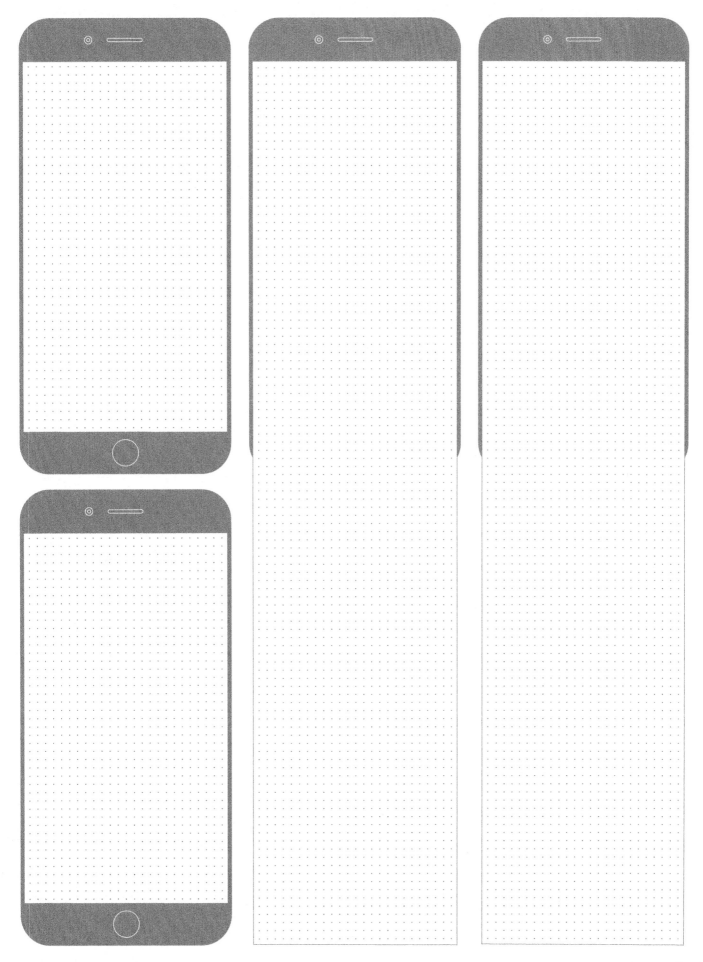

NOTES

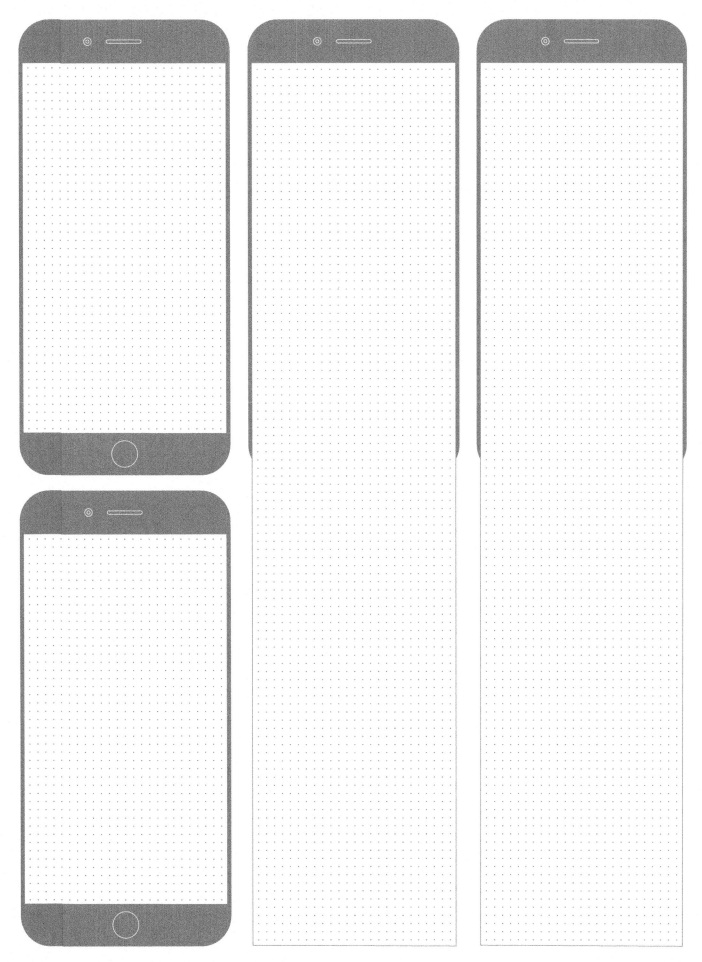

NOTES

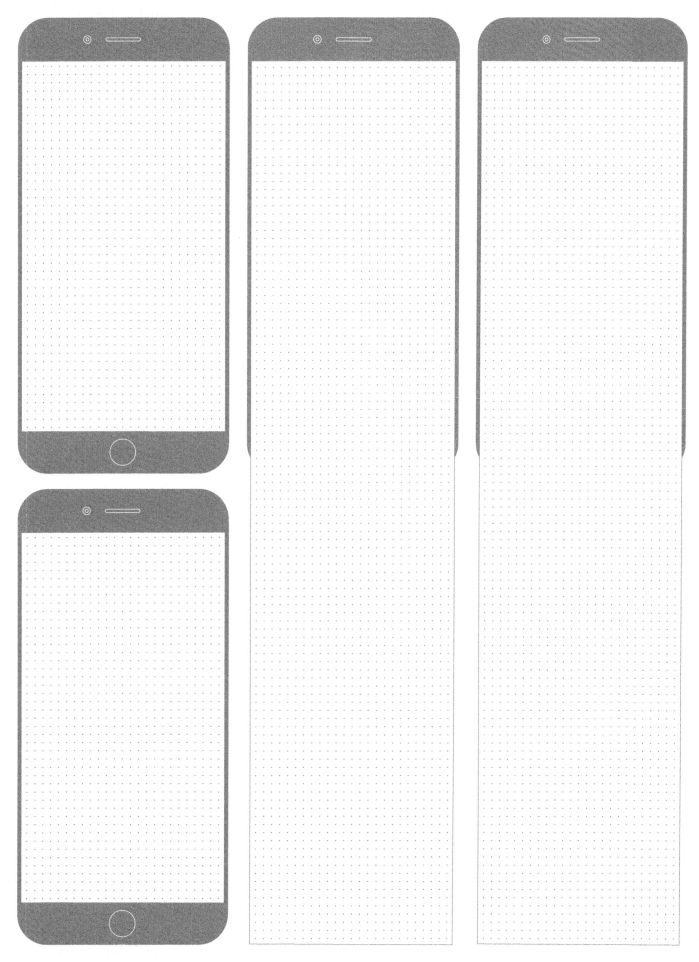

NOTES

....
....
....
....
....

PROJECT

PAGE

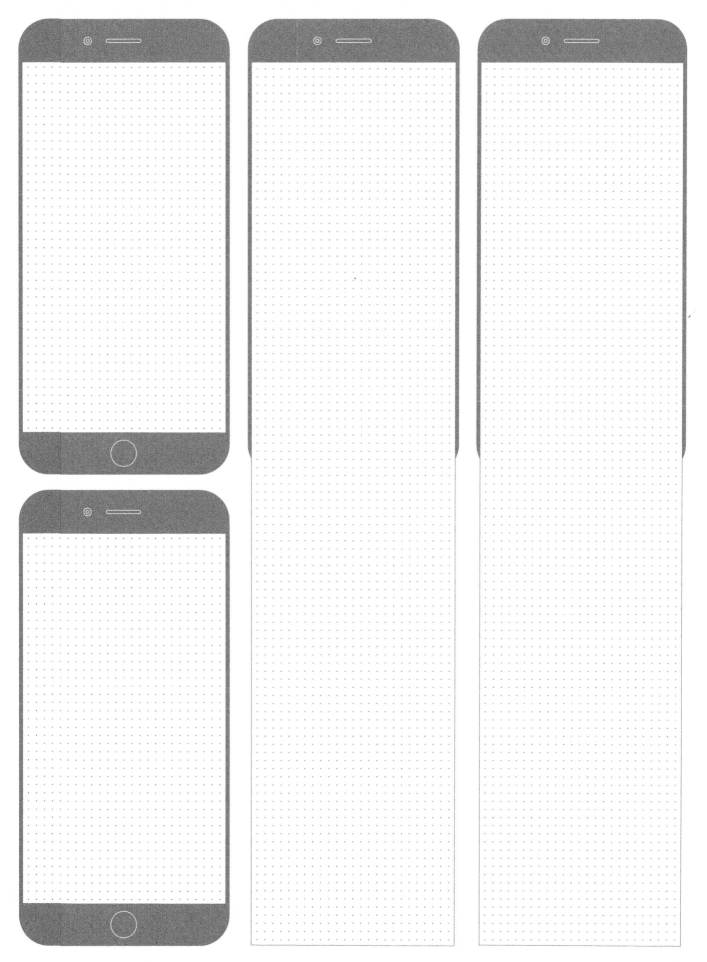

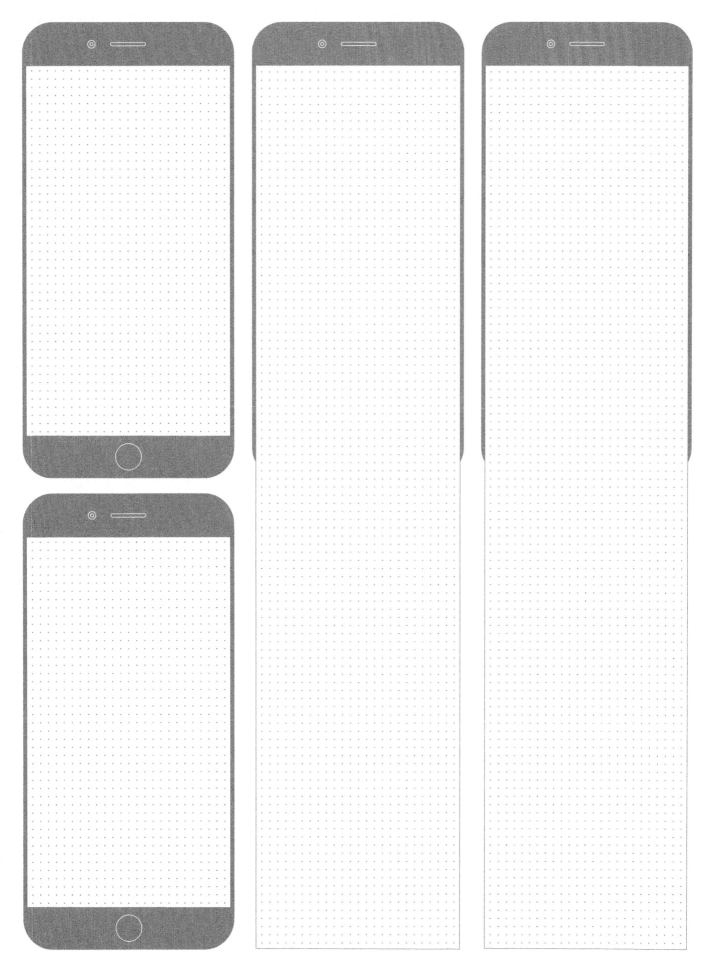

NOTES

PROJECT

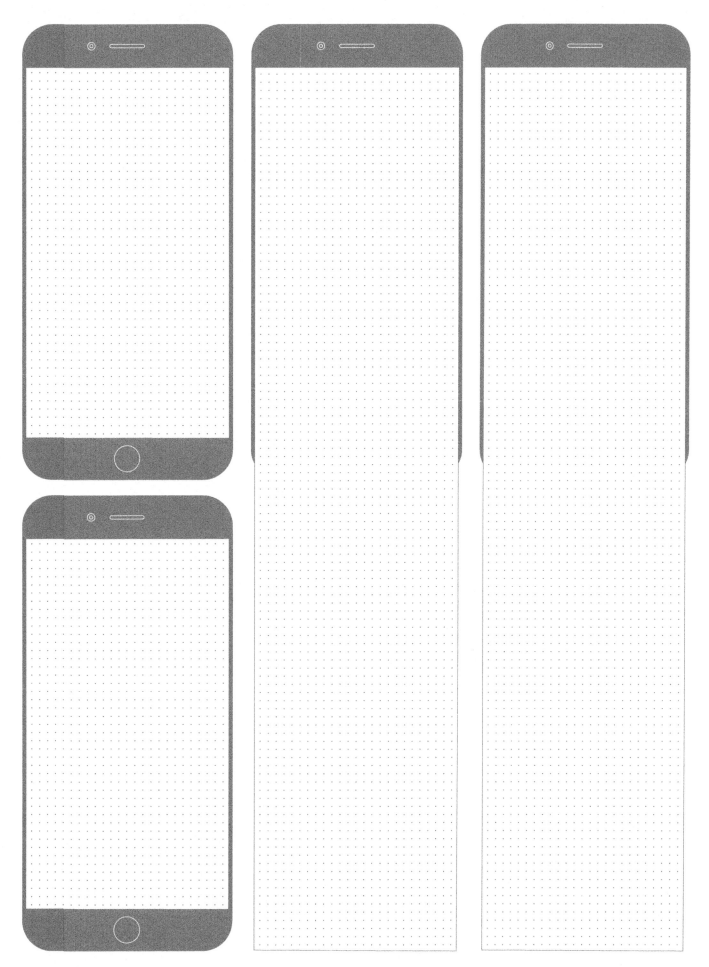

NOTES

PROJECT   PAGE

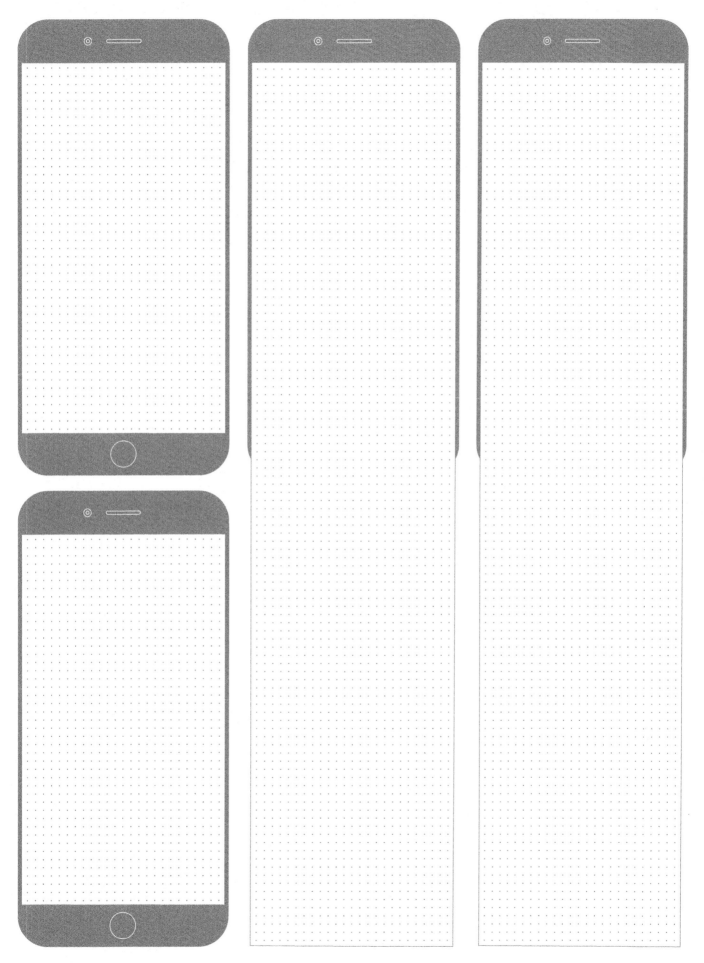

NOTES

PROJECT

PAGE

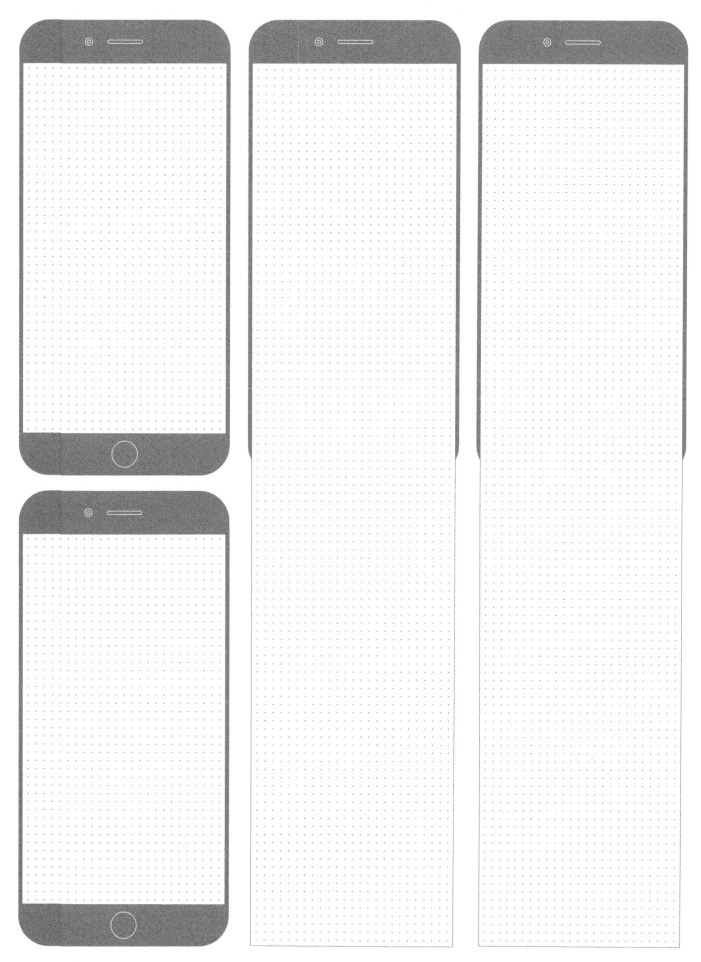

PROJECT

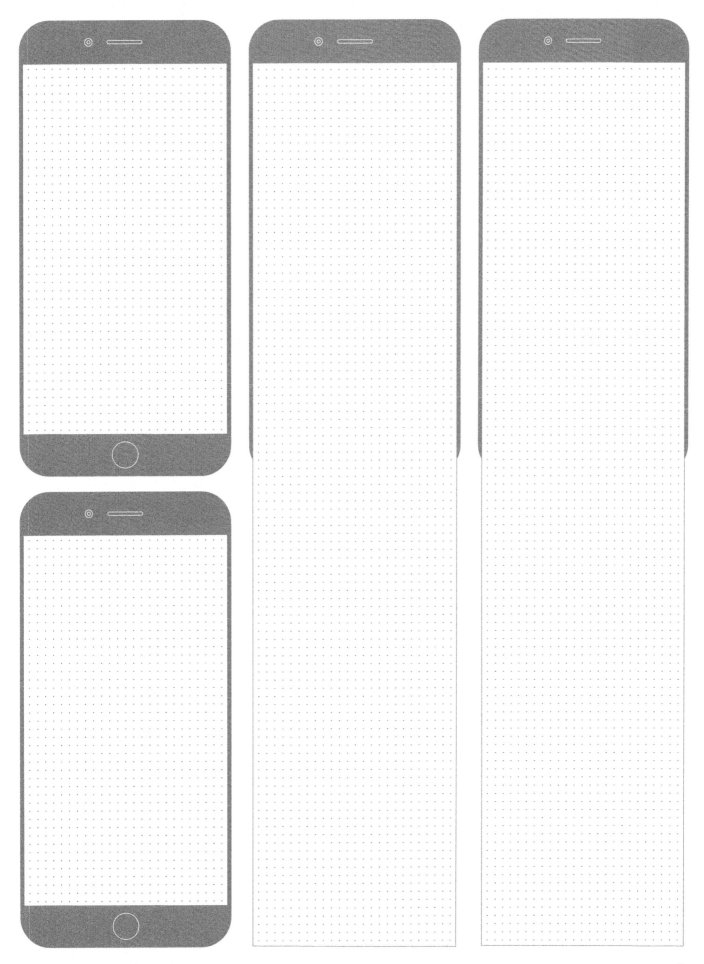

NOTES

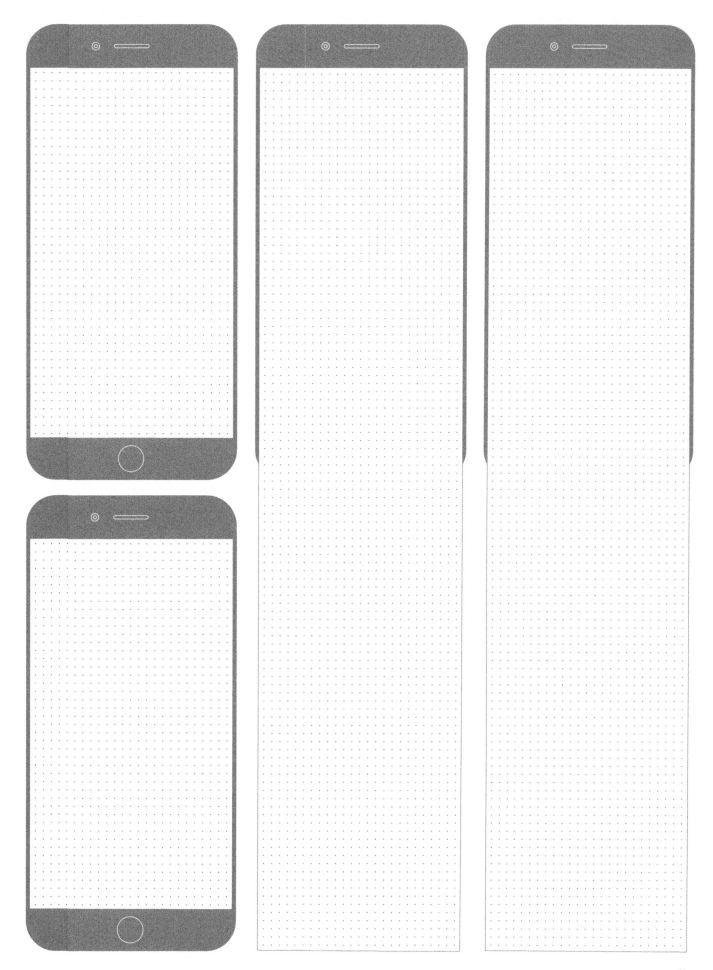

NOTES

PROJECT

PAGE

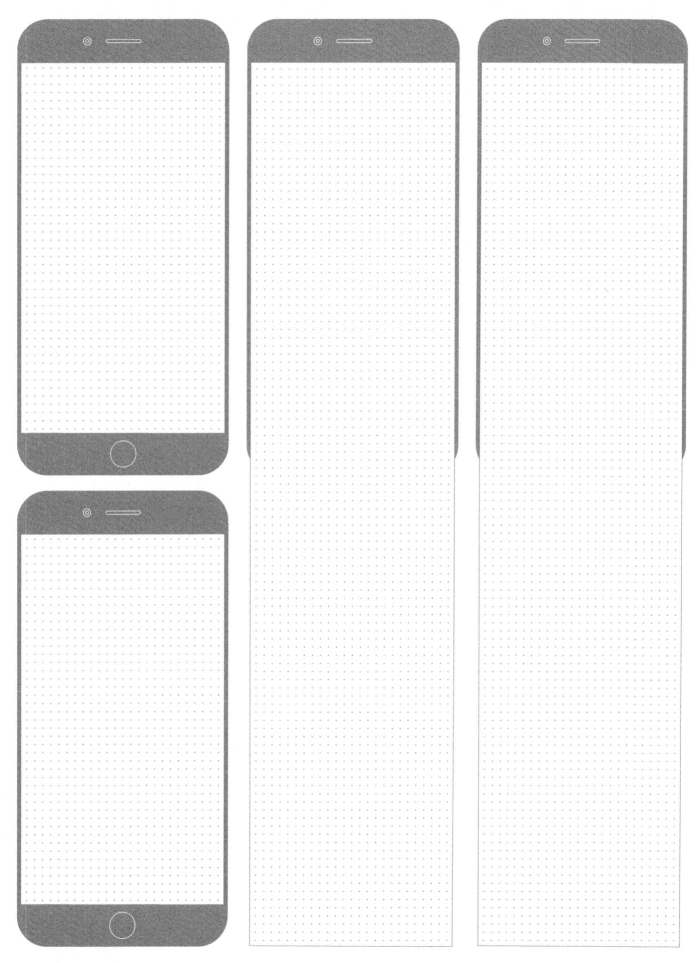

NOTES

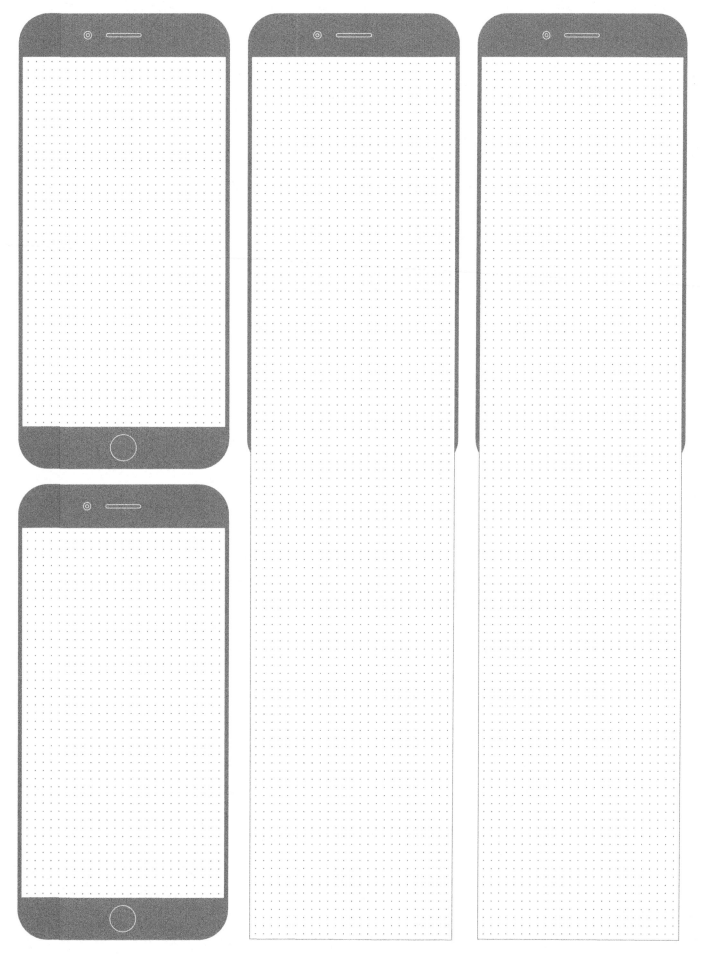

NOTES

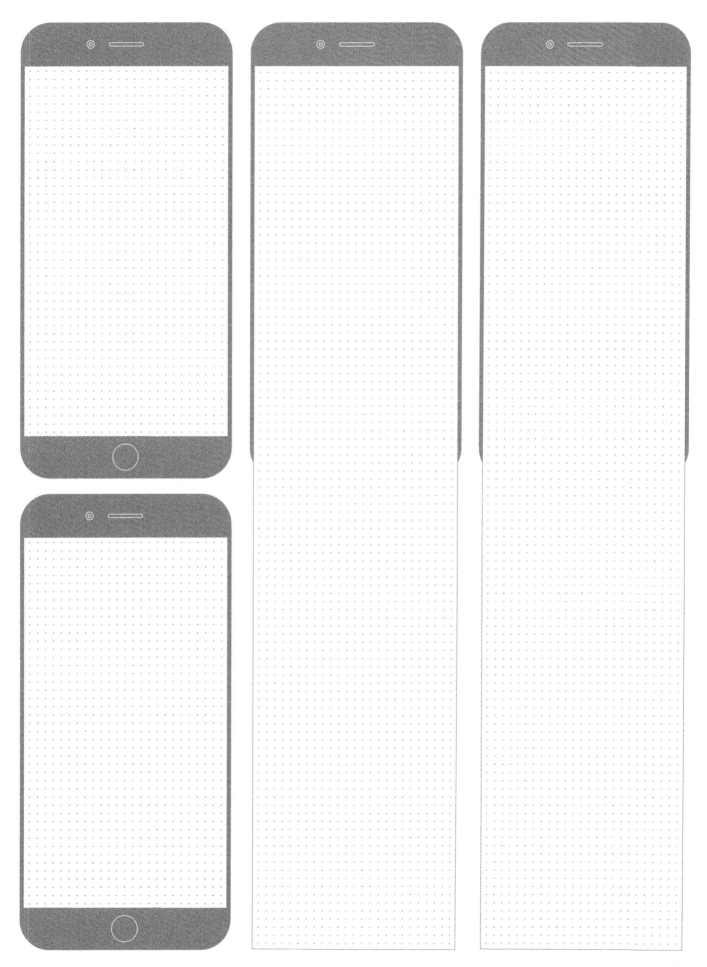

NOTES

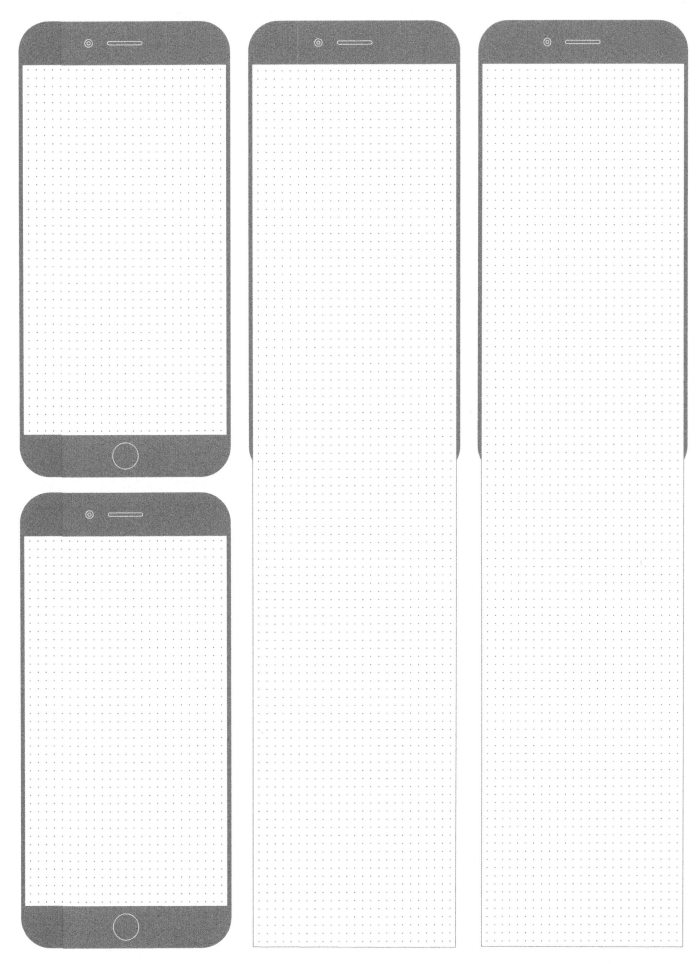

NOTES

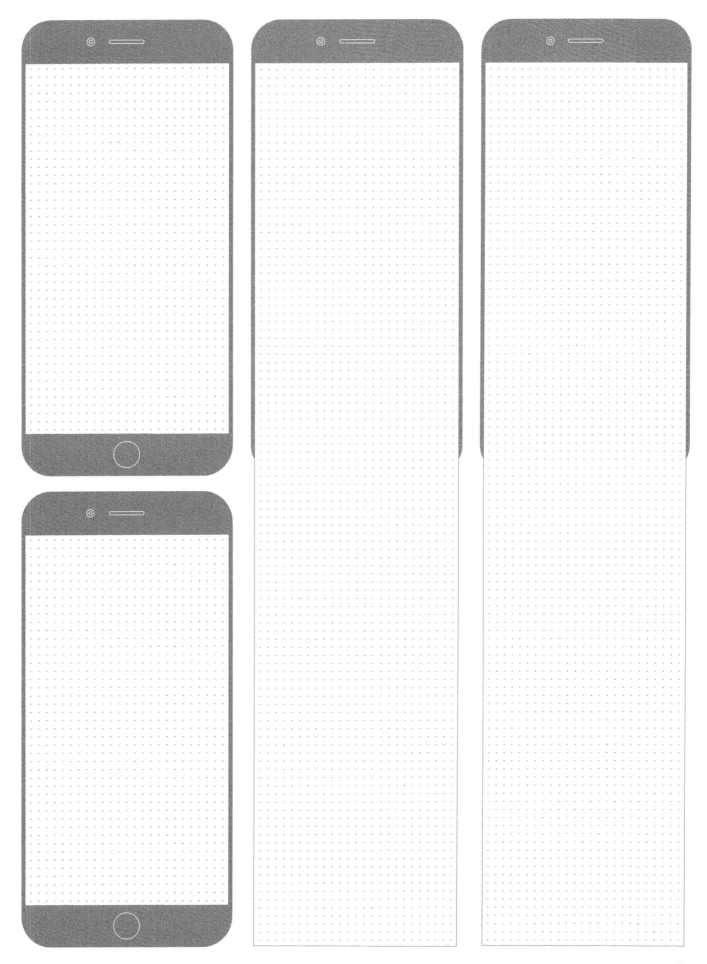

NOTES

PROJECT PAGE

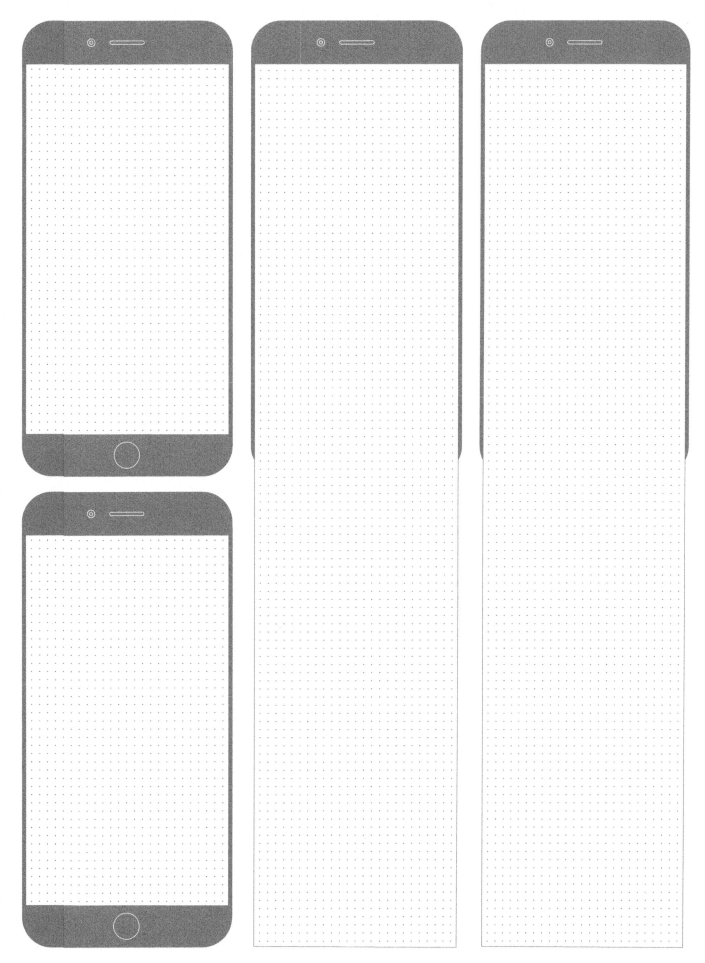

NOTES

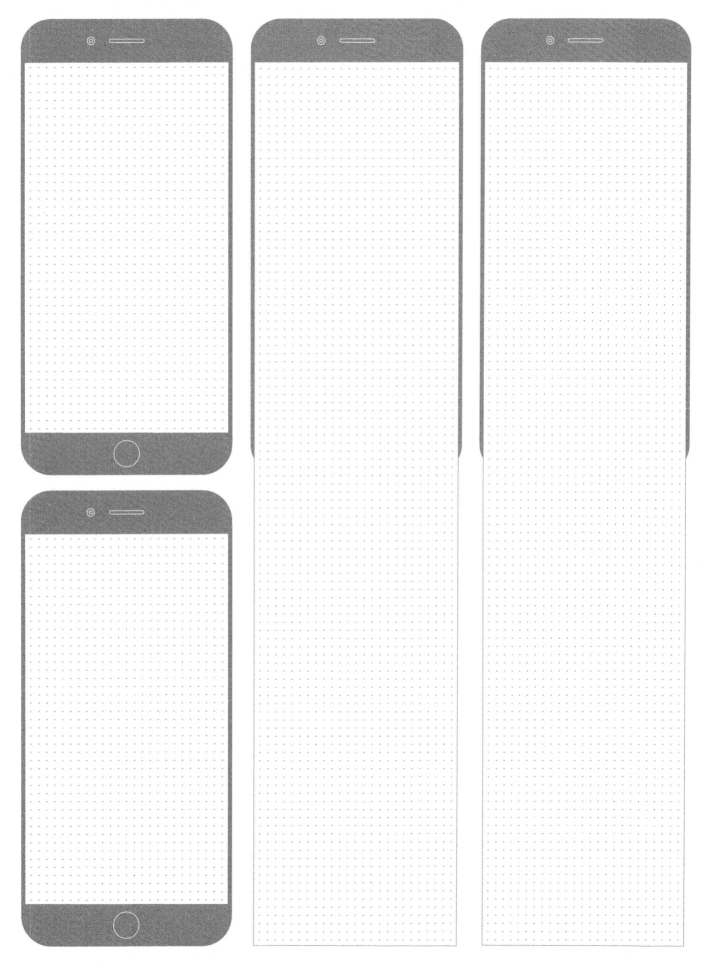

NOTES

PROJECT

PAGE

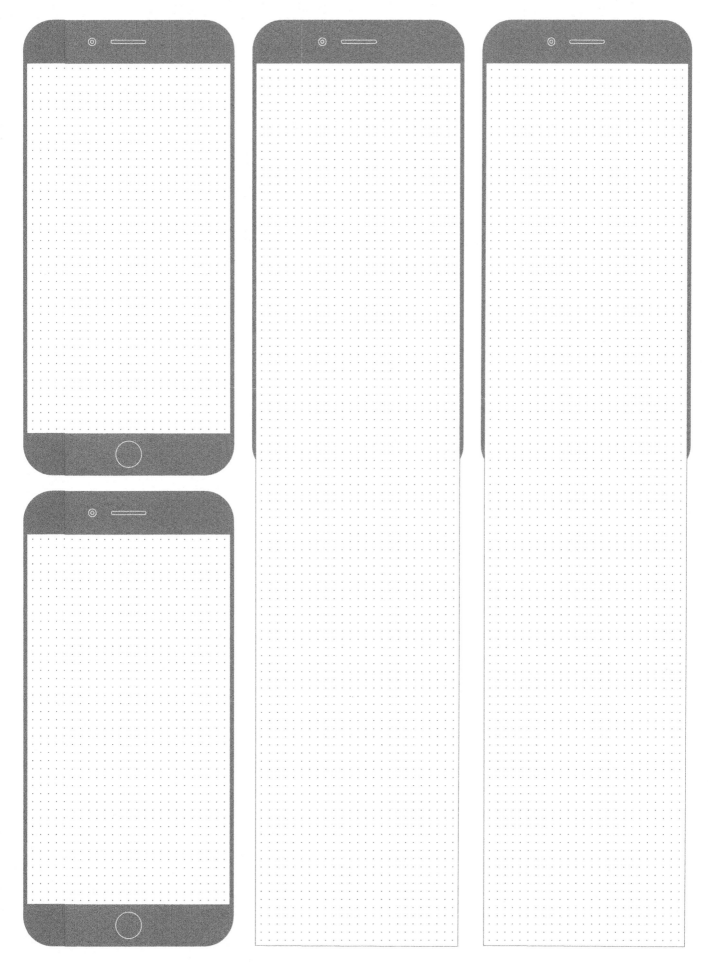

NOTES

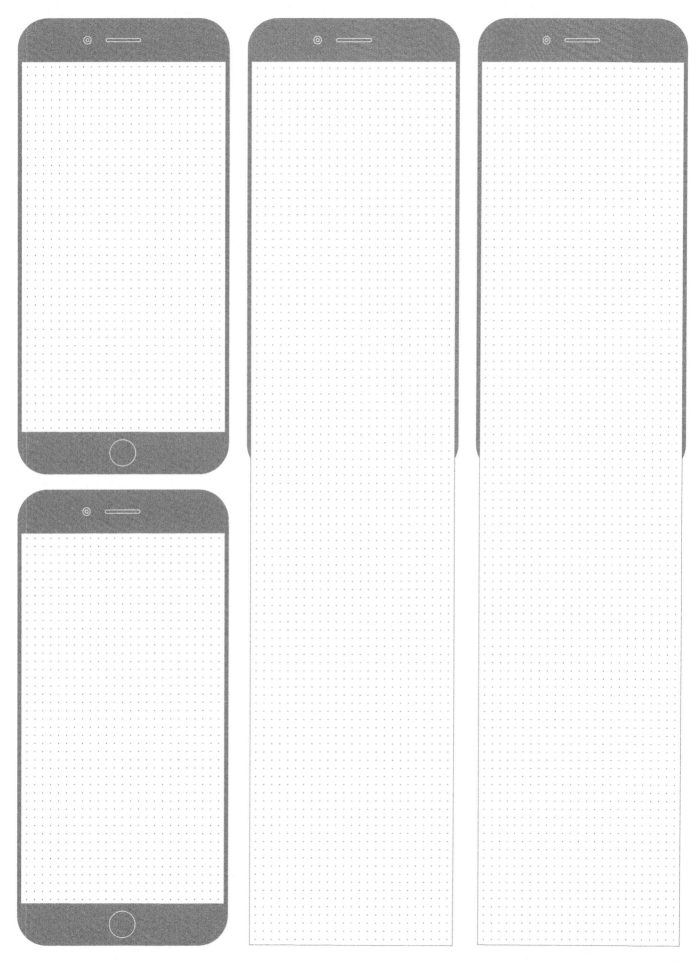

NOTES

PROJECT

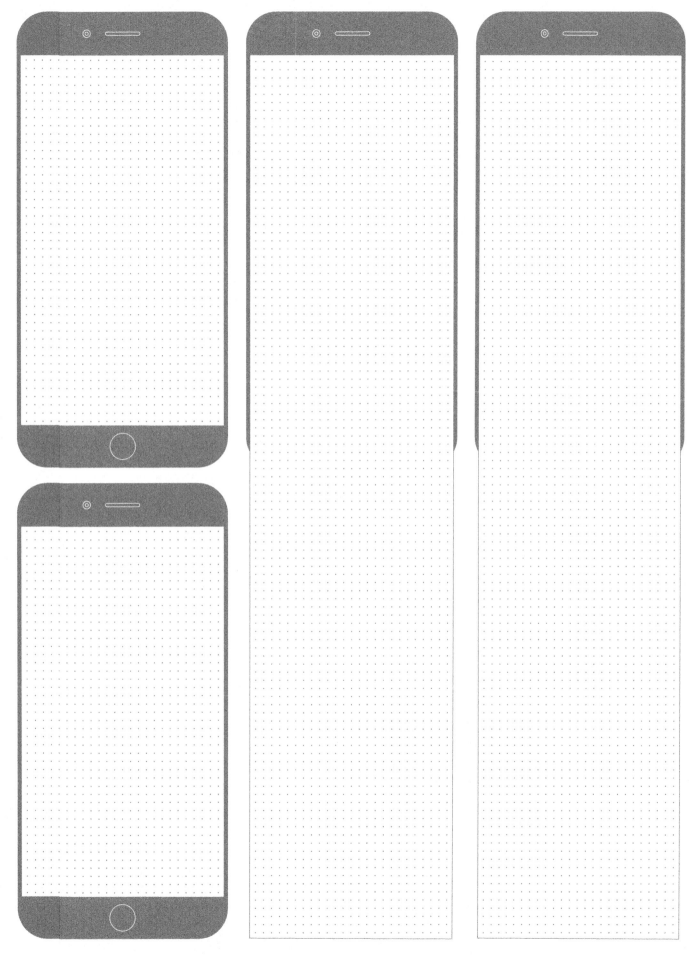

NOTES

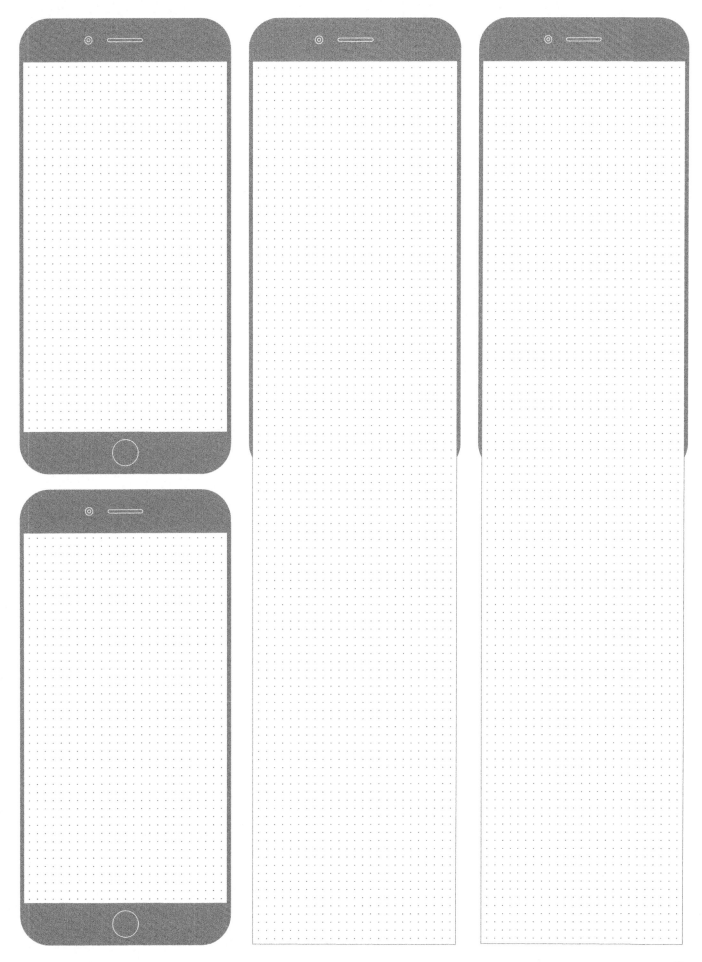

NOTES

PROJECT

PAGE

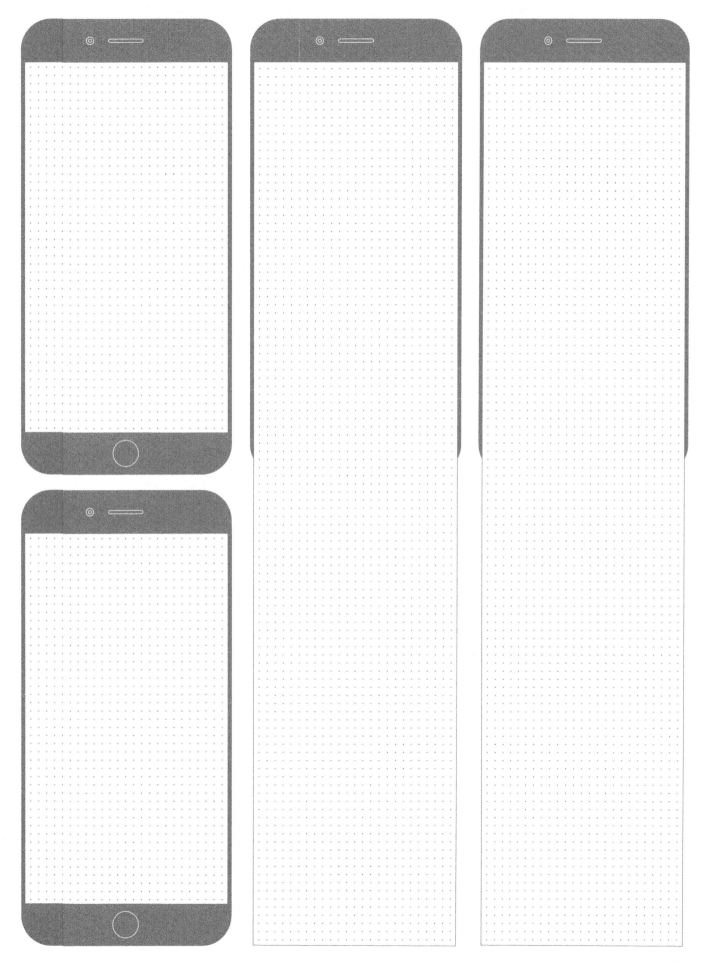

NOTES

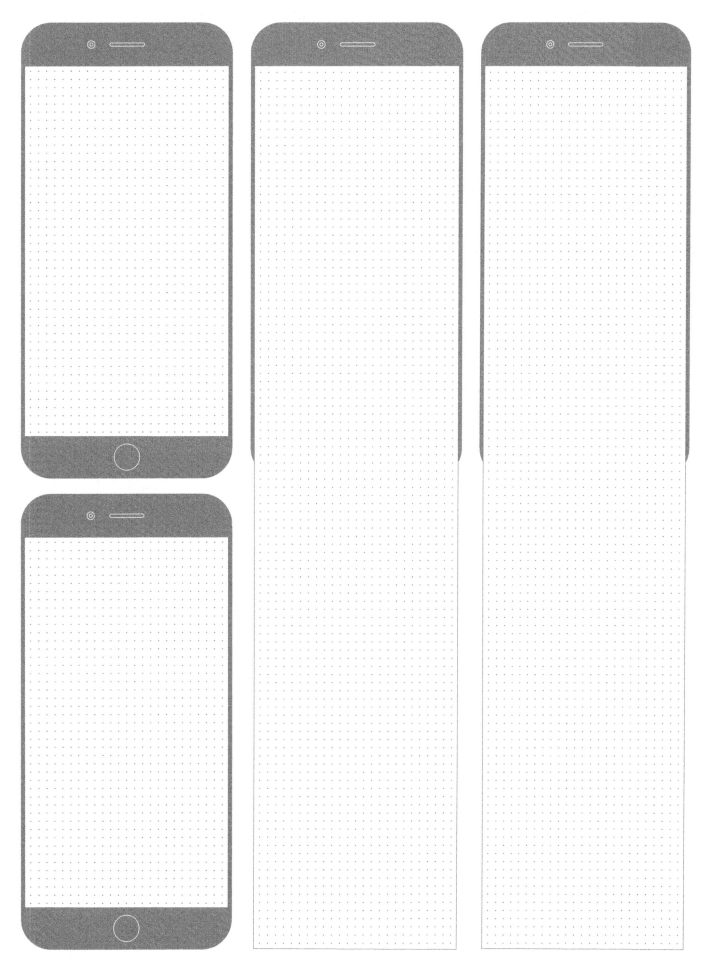

NOTES

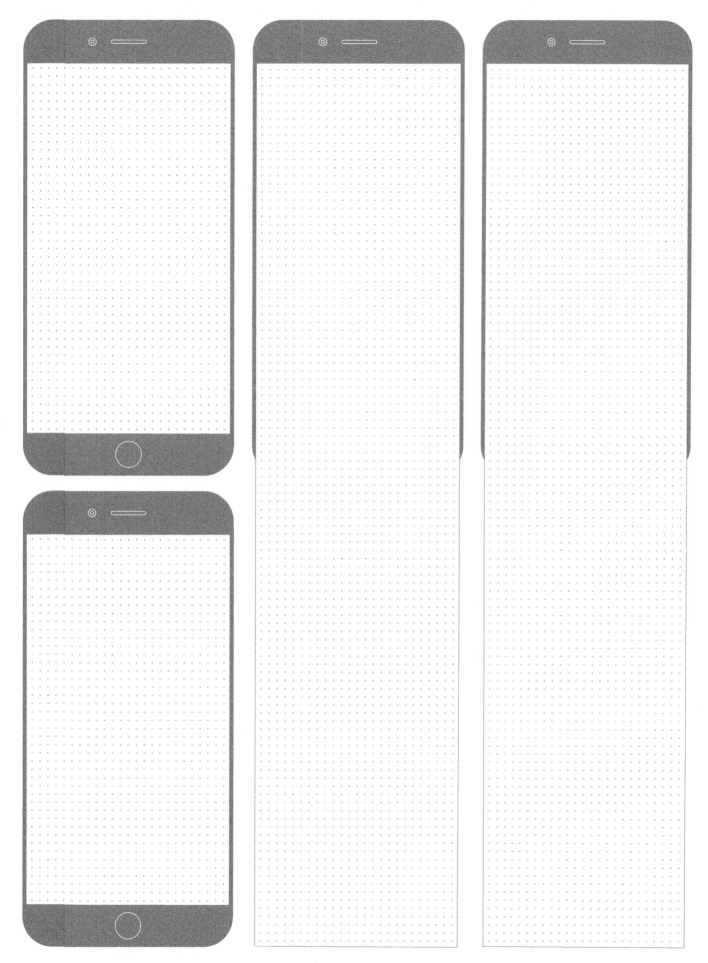

NOTES

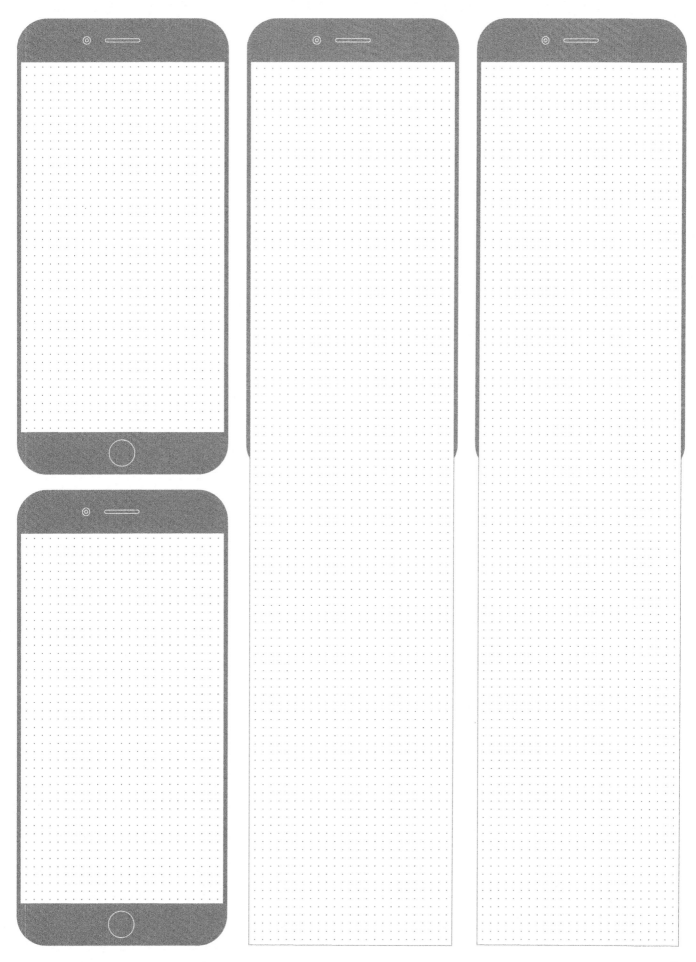

NOTES

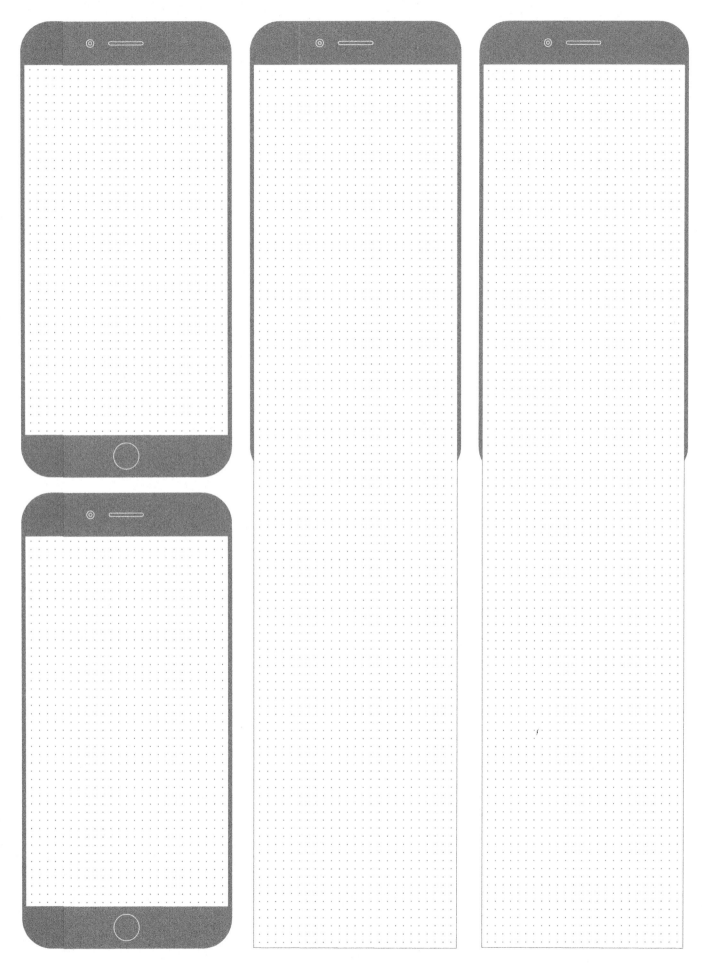

NOTES

PROJECT

PAGE

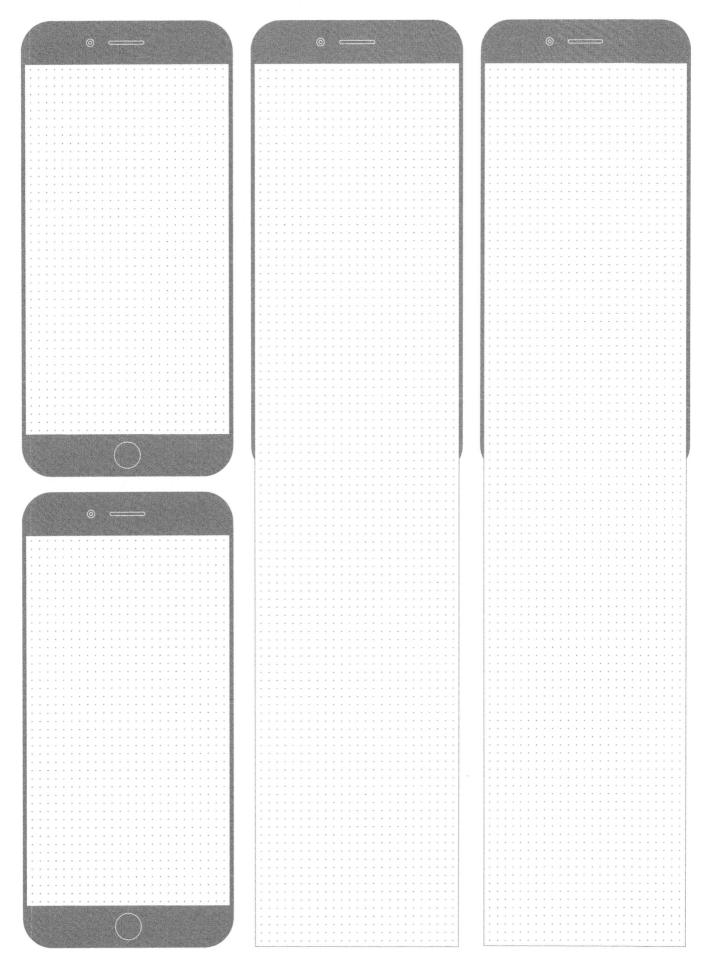

NOTES

PROJECT PAGE

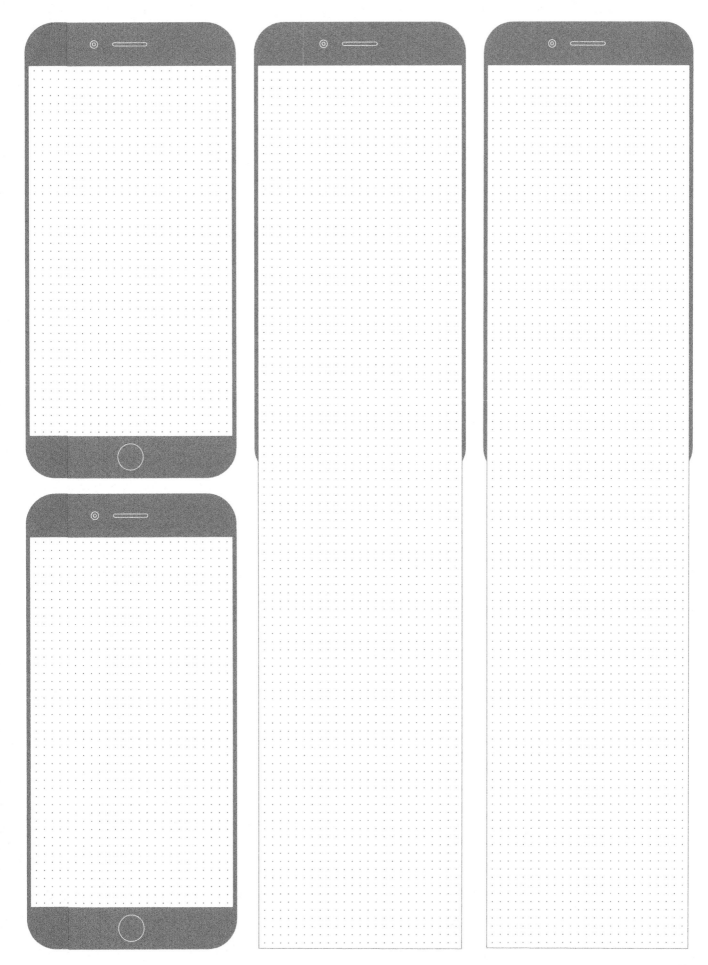

NOTES
....
....
....
....
....

PROJECT

PAGE

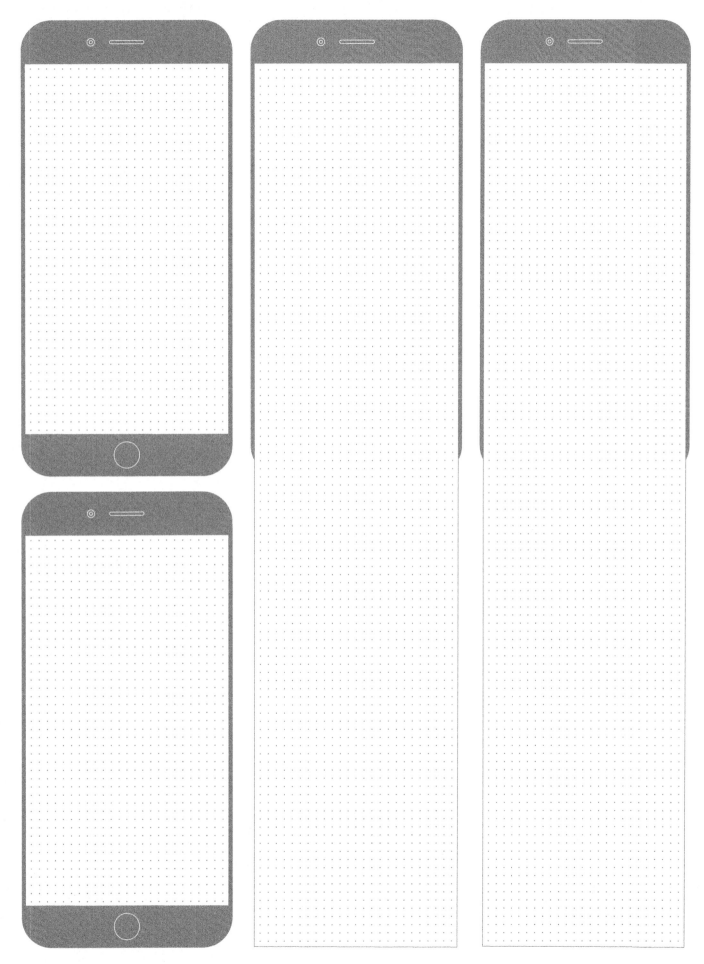

NOTES

PROJECT

PAGE

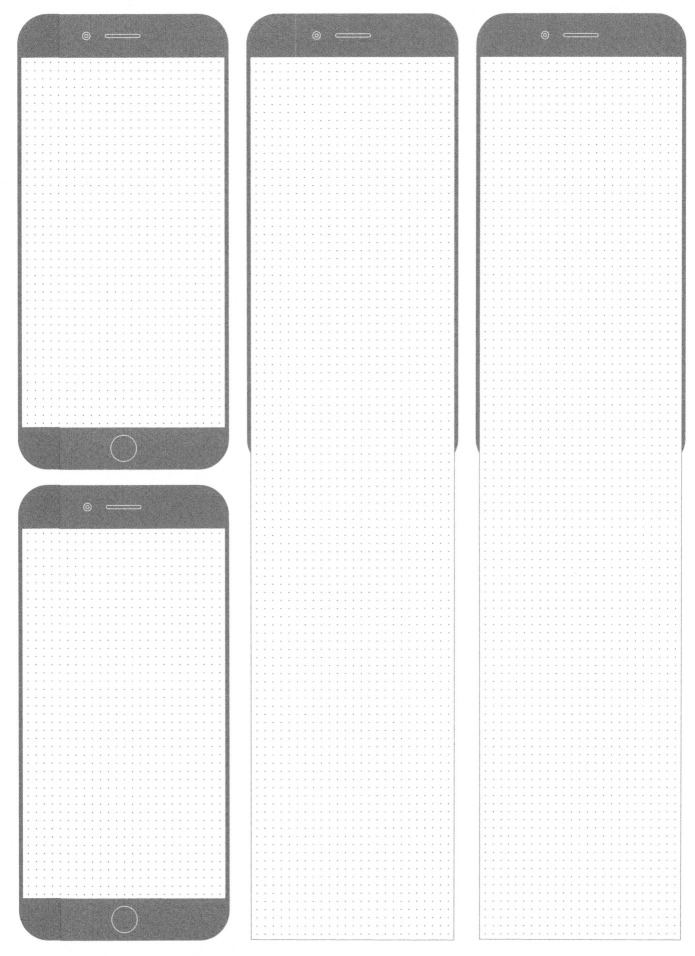

NOTES

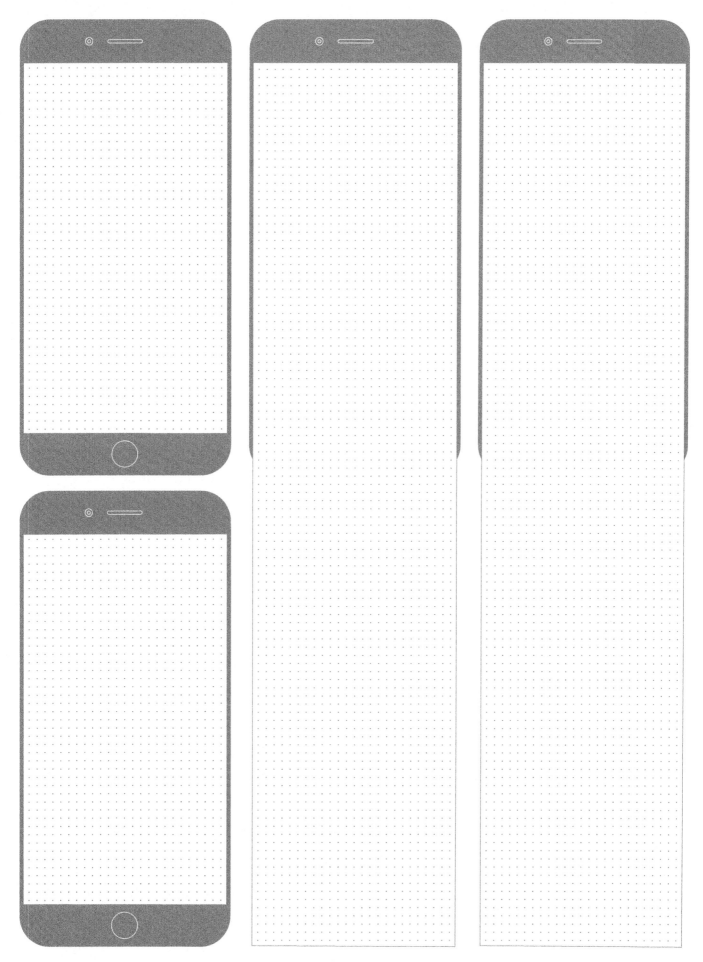

NOTES

PROJECT

PAGE

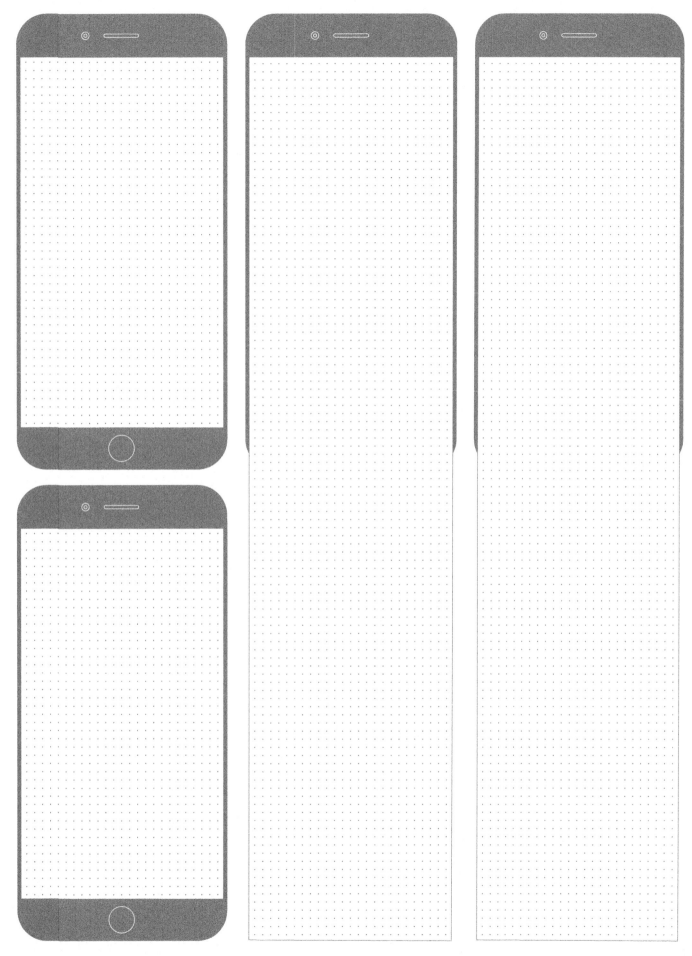

NOTES

PROJECT

PAGE

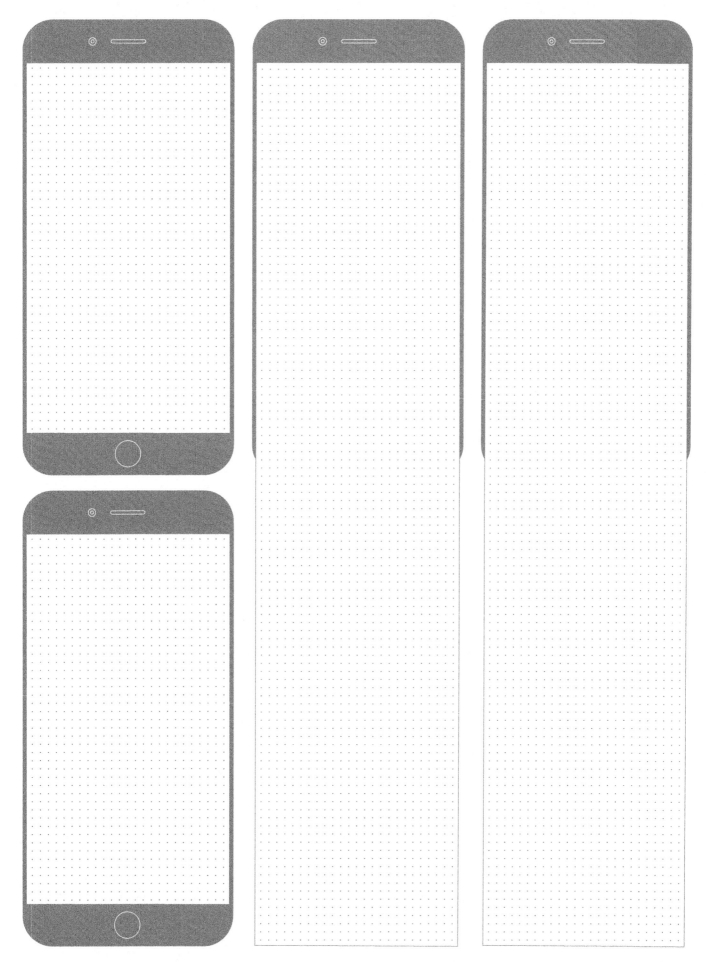

NOTES

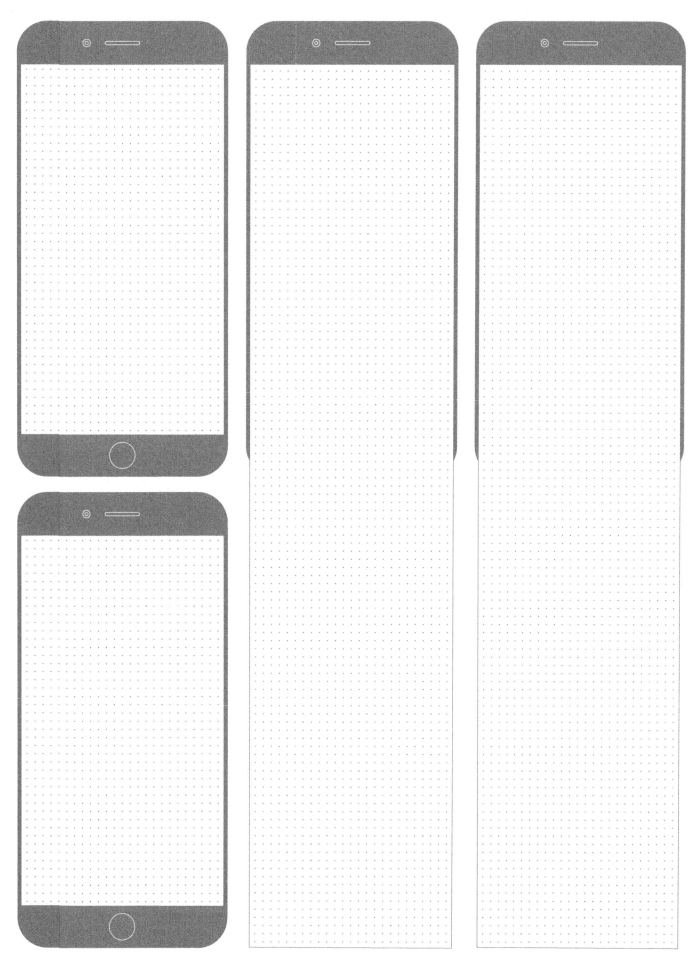

NOTES

PROJECT

PAGE

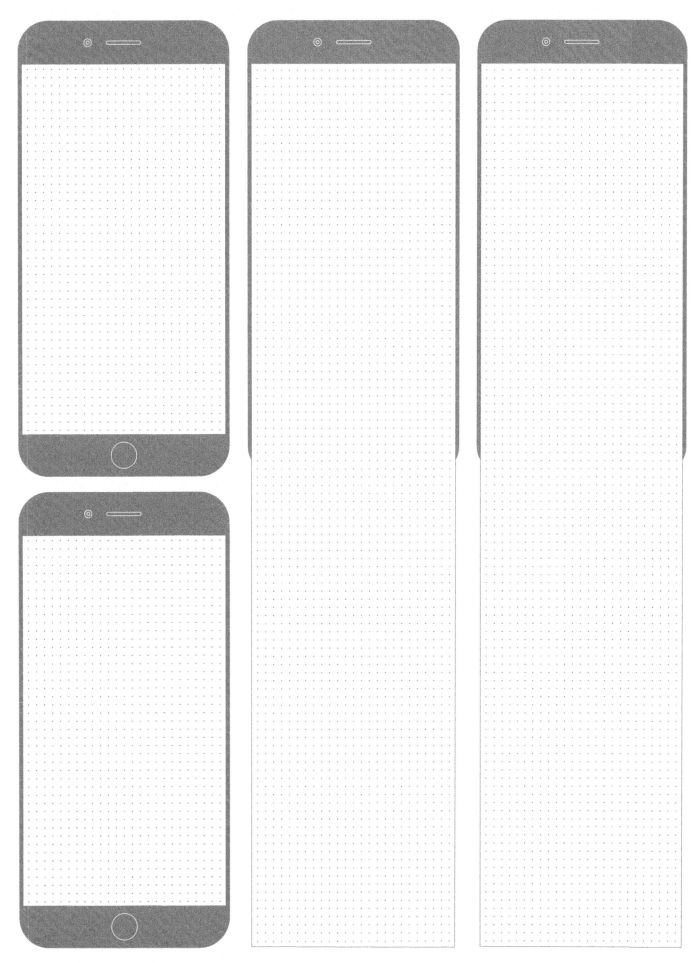

NOTES
....
....
....
....
....

PROJECT

PAGE

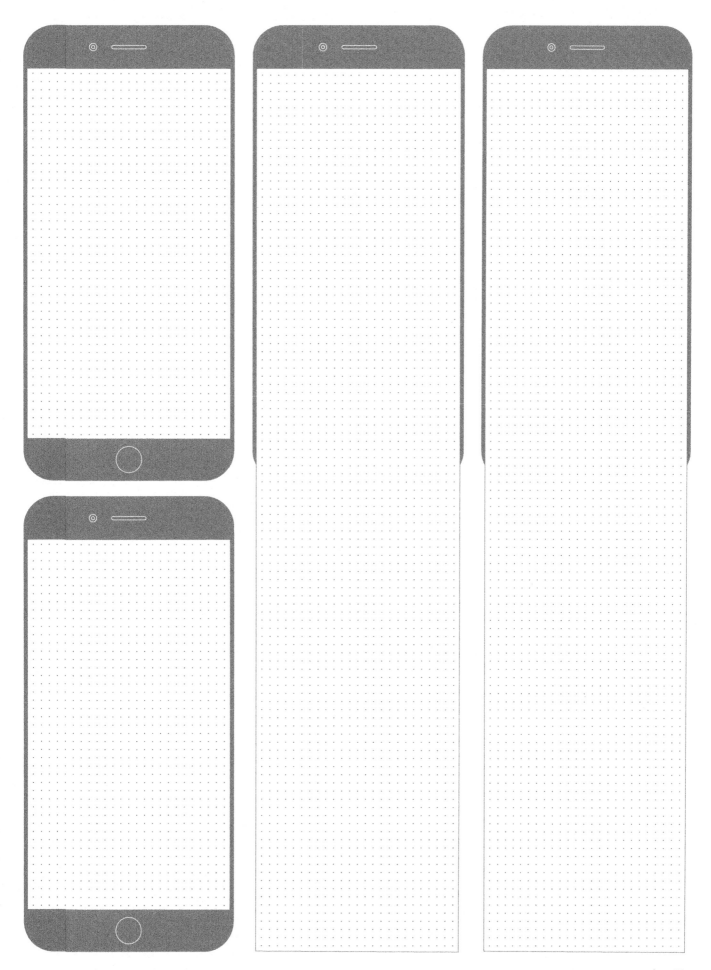

PROJECT

PAGE

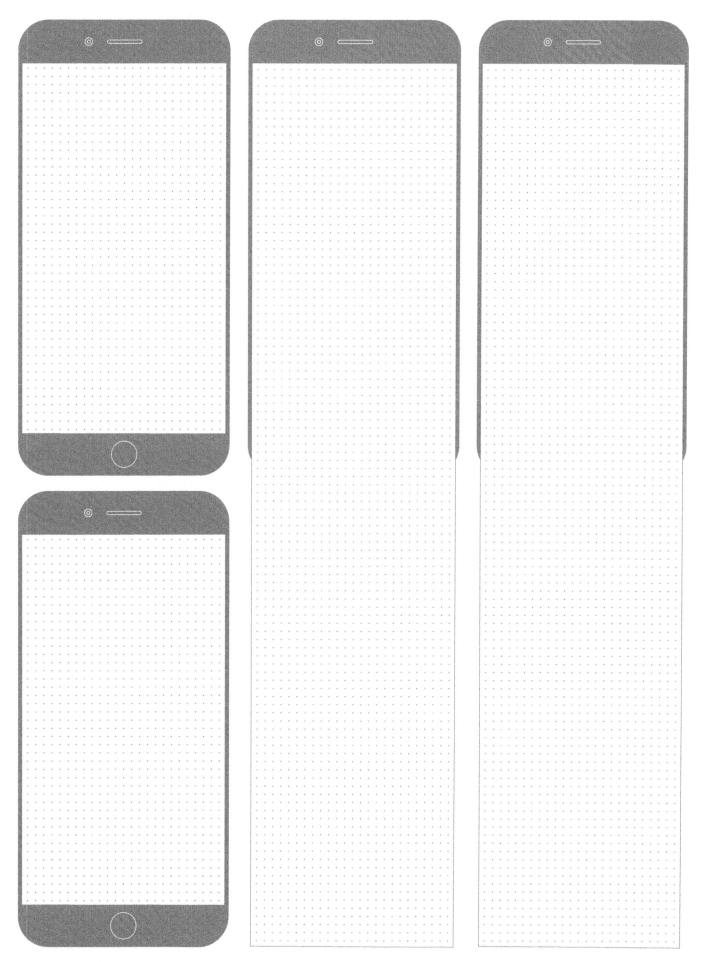

NOTES

PROJECT

PAGE

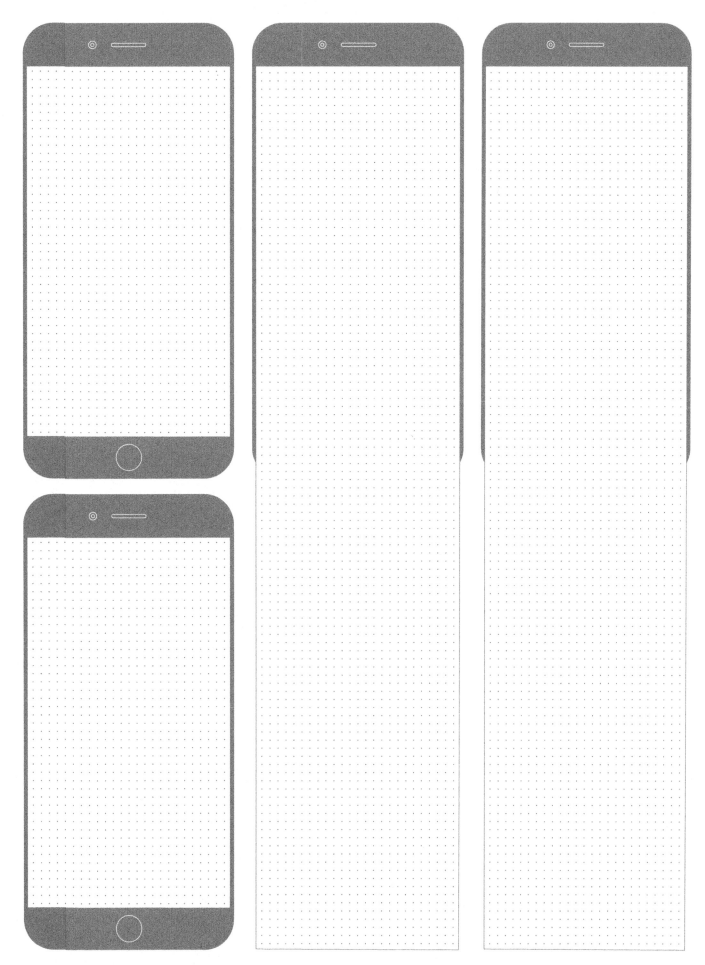

Made in the USA
Monee, IL
01 February 2022

90394708R00070